SI BU TU PO RONG ZI NAN

WAN YOU XI XUE RONG ZI

四步突破
融资难

玩游戏　学融资

巩宇航 | 著

民主与建设出版社

·北京·

© 民主与建设出版社，2021

图书在版编目（CIP）数据

四步突破融资难 / 巩宇航著 . -- 北京：民主与建
设出版社 , 2021.5
ISBN 978-7-5139-3446-6

Ⅰ . ①四… Ⅱ . ①巩… Ⅲ . ①中小企业 – 企业融资 –
研究 – 中国 Ⅳ . ① F279.243

中国版本图书馆 CIP 数据核字（2021）第 053791 号

四步突破融资难

SIBU TUPO RONGZINAN

著　　者	巩宇航
责任编辑	程　旭
封面设计	今亮后声
出版发行	民主与建设出版社有限责任公司
电　　话	（010）59417747　59419778
社　　址	北京市海淀区西三环中路 10 号望海楼 E 座 7 层
邮　　编	100142
印　　刷	水印书香（唐山）印刷有限公司
版　　次	2021 年 5 月第 1 版
印　　次	2021 年 5 月第 1 次印刷
开　　本	710 毫米 ×960 毫米　　1/16
印　　张	14.5
字　　数	180 千字
书　　号	ISBN 978-7-5139-3446-6
定　　价	80.00 元

注：如有印、装质量问题，请与出版社联系。

作者自序

　　这是一本将企业金融和融资问题用游戏方式加以呈现的指导书。

　　我从事企业金融问题研究十余年，自2009年全球金融危机以来，全身心投入小微企业融资难问题教研和培训。其间发现，企业虽然渴望了解融资知识，然而培训效果并不理想。原因在于金融知识浩若烟海，中英文概念混杂，规则条文生疏难懂。常规知识灌输很难被学员消化吸收，对企业帮助不大。为此，我们一直在努力研究简明、实用的教材教法。

　　2017年，我受工业和信息化部的委托，承担全国小微企业金融知识普及教育（简称"金普教育"）统一教材编写。教材编撰本着易学好懂、学以致用的目标，坚持"立足企业、研究金融"的原则，按照企业发展不同阶段，即种子期、初创期、成长期必备金融知识提出和回答问题。在统一教材基础上，借鉴美国罗伯特·青崎（Robert Toru Kiyosaki）利用现金流沙盘，推广财商教育的成功经验，开发了企业融资沙盘课程。经过十多场推演验证，效果良好，受到企业学员的热烈欢迎。

　　大疫来袭，沙盘课程推广工作被迫停止。于是我得以静下心来，反复回看课程验证流程，精研细琢每步操作、每个细节，发现和解决了12个盲点问题，加入8个游戏元素，使沙盘推演更加顺畅，更具趣味性和实用性。企业通过沙盘游戏，就能掌握基本融资方法和技巧。

融资沙盘设计基于博弈论原理，将金融机构与实体企业作为博弈对手，采取场景模拟、角色扮演、攻防对垒、过关设计方法进行推演。全套沙盘模拟企业融资的4个主要场景，即：

· 金融市场总览与市场准入——找对融资门路；

· 创业资本筹措——看准融资风口；

· 信贷市场融资——用活融资杠杆；

· 资本市场融资与金融工具组合使用——打好融资组合拳。

为适应中小微企业企业主、财会人员和创业者的学习需求，与物理沙盘配套，编写了这本游戏操作指导书。

本书可作为培训机构或独立讲师实训教案，与沙盘套装配合使用，组织开班培训。沙盘标准版设计为团体游戏，每个盘面可容纳6人一组，每名合格导师可以照管6组开展游戏和PK。

本书也可以用于自学和DIY游戏，或辅助融资实战。为此，书内尽数收入沙盘盘面和游戏套件彩图。学员一书在手，先学习每场第一模块准备知识，然后剪下书上所附游戏套件图形作为道具，就可以开展自助游戏。需要帮助的，请登录"金普在线"官网（www.jpzx.org）咨询，或扫描二维码获取标准答案。

融资沙盘游戏和配套指导书在国际国内均属首创，加上成书仓促，谬误疏失在所难免，恳望企业家和财金业内人士批评教正！

巩宇航

2020年10月于北京

Contents 目 录

场景一

帮企业睁开眼睛看金融

M1:
企业是金融市场的上帝

　　企业是金融产品的主要消费者，知情权是消费者主权的基本权利，也是保证企业与金融机构平等互利的基本条件。小微企业融资难、融资贵的一个重要原因是金融知识匮乏，换言之，就是对金融市场及其服务产品缺乏知情权。所以，解决融资难问题，首先要解决企业对金融市场的知情权。

一、从企业角度看金融市场

　　金融市场又称资金市场，是资金供求双方运用金融工具进行资金融通和交易活动场所的总称。金融市场按传统分类，包括货币市场、资本市场、保险市场、外汇市场和黄金市场。这个分类被金融教科书和官方普遍采用，用以展示全国金融市场总体布局的划分方法，也是以金融业为主观视角的业态展示，但并不反映实体企业在金融市场的角色。所以，这种分类对于企业了解金融市场，引导企业消费金融产品以及解决融资问题没有帮助。

　　我国金融管理体制改革自1998年亚洲金融危机开始实质性启动，加入WTO（世界贸易组织，World Trade Organization）后呈现跨越式发展，至2014年前后，国外市场常见的金融工具和产品经过引进、消化，几乎全部登陆国内市场。加上民间资金市场逐步放开，互联网金融兴起，国内金融市场呈现多元共生、蓬勃发展的态势，新兴金融工具和服务层出不穷，金融产品极大丰富。

从企业角度看，目前市场上为企业提供资金融通的金融服务，按资金来源可分为信贷市场、资本市场、非银行金融市场、政策性金融市场、互联网金融市场、商业信用市场和草根资金市场等7大市场板块（见图1-1），各市场板块专业方向和服务功能分别是：

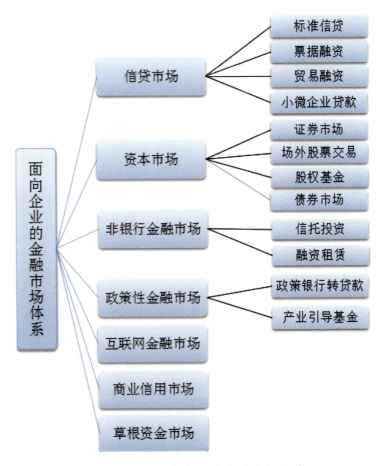

图1-1 面向企业的金融市场体系

信贷市场是面向企业（和自然人）提供债务融资的主要场所。商业银行是信贷资金的主要供应者，常用信贷工具包括银行贷款、银行票据和商业票据。银行贷款作为货币政策工具，主要提供1年期以下运营资金和贸易结算资金融通，所以信贷市场属于短期资金市场。商业银行对小微企业和民营企业贷款绝大部分为1年期以下短期贷款。根据国家产业政策，大型银行对国有企业或国家核准的固定资产建设项目也可以提供中长期贷款。

资本市场是股票、债券等证券化金融工具的发行和交易场所，属于中长期资金市场。企业在资本市场上融资，可以通过股票市场、投资基金进行股权融资，筹措长期资金，通过债券市场进行1年期以上中长期债务融资。证券市场可以看作资本市场的物理形态，包括全国性证券交易所、新三板和区域股权市场（四板）等有形市场，属于证券交易公共设施。资本市场的资金供给方是投资机构和个人投资者，证券公司是投融资中介，属于证券市场的代理商。

非银行金融是指银行以外各类金融机构举办的金融业务总称。非银行金融机构包括信托投资、财务公司、融资租赁、资产经营、商业保险、消费金融等。为企业提供融资服务的主要有信托投资和融资租赁，原为处置银行不良资产设立的资产经营公司，现已发展成为涵盖证券、信托、基金等业务的金融控股集团，通过专业公司开展企业金融业务。

政策性金融是由政府发起和出资，为贯彻国家发展战略和产业政策进行直接投资，并发挥市场导向性作用的金融。企业金融服务主要有3大政策性银行和产业引导基金。

互联网金融是基于互联网和现代信息技术进行支付结算、资金融通和投融资信息服务的新型金融模式。以其覆盖广、效率高、成本低、平民化等特点，为小微企业提供直销银行、网络众筹等金融服务。

商业信用是企业之间互相提供的信用。企业在经营活动中因赊购赊销或预收账款形成的债权债务，属于企业间授信和借贷关系。企业持有债权凭证可以作为信用工具，通过应收账款转让、商业保理、商业票据贴现等方式进行融资。

草根金融是民间发起和举办，处于市场底层的普惠性金融。经营机构如典当行、村镇银行、小贷公司、信用合作以及内源性融资等，服务对象主要是小微企业、个体经营者。

以上7个市场板块，按管理体制和市场影响力可分为两大部分。

第一部分是国家根据金融体制顶层设计和市场布局，由政府独资或控股举办，以执行宏观调控目标为主要任务的主流金融市场，包括信贷市场、资本市场、非银行金融和政策性金融4个板块。每个市场均有一定的准入门槛，所融资金须按规定用途使用。以上特点可以概括为15个字，即"国家为主导、融资有门槛、用途有规定"。

第二部分为企业或私人投资举办，多元主体、市场化运作的补充性金融市场。包括互联网金融、商业信用和草根资金市场3个板块。经营特点与主流市场正好相反，对企业没有准入门槛，资金用途不加限制，但融资额度较小，融资成本一般比较高。

二、用企业的眼光看金融产品

在7个市场板块内部，按企业融资经由路线、资金性质，可以划分为24种融资渠道。每个融资渠道又包括若干金融产品，据统计，细分产品可达400多种。所以，解决小微企业融资难，首先要帮助企业全面了解金融市场供给产品，学会找对融资门路，正确选择适合自身特点的金融产品。

为了便于企业掌握，这里按产品类型及其与中小微企业的关联程度，归纳为56类大宗产品（见表1-1）。

表1-1　　　　　　　　　金融市场企业服务产品总览※

市场板块	融资渠道	主要产品
信贷市场	标准信贷	流动资金贷款、固定资产建设贷款、并购贷款与投贷联动
	小微企业贷款	信贷工厂、个人金融经营贷
	票据市场	银行承兑汇票融资
	贸易融资	信用证融资、保理、应收账款质押贷款、供应链金融
资本市场	上市融资	IPO、上市再融资、借壳上市、科创板上市
	场外挂牌	新三板、四板（OTC）挂牌，产权市场挂牌
	股权投资基金	天使投资、风险投资（VC）、私募股权（PE）
	债券市场	企业债、公司债、中小企业集合债/集合票据、私募债、双创债
非银行金融市场	信托市场	信托贷款、信托投资、中小企业集合信托
	融资租赁	经营租赁、融资租赁
政策性金融市场	政策性贷款	政策性银行转贷款、政策支持贷款
	产业引导基金	中小企业发展基金、国家新兴产业创业投资引导基金、科技成果转化引导基金
互联网金融市场	网络银行	直销银行、网络小贷
	网络借贷	P2P借贷
	网络众筹	股权众筹、产品众筹
	互联网金融门户	批发转零售贷款

续　表

市场板块	融资渠道	主要产品
商业信用市场	易货贸易	现代易货
	债权融资	商业保理、应收账款转让、供应链融资、商业承兑汇票
	预收账款	预收账款融资、电子货币融资
民间资本市场	典当	现代典当
	小微金融	村镇银行、小贷公司、信用合作
	合同能源管理	EMC项目融资
	民间借贷	民间借贷融资
	内源融资	自筹资金、内部集资

1.标准信贷

所谓标准信贷是商业银行面向企业法人，按照"对公业务"和先授信后贷款程序办理的信贷产品，主要产品类型包括：

1.1流动资金贷款。流动资金贷款是商业银行为满足企业日常生产经营周转，或解决临时性、季节性资金需求的贷款。贷款期限分为1年以下短期贷款和1至3年中期贷款，对中小企业一般为短期贷款。贷款条件除了符合贷款基本规则外，通常还要求客户信用评级达到A级以上，并按先授信后贷款程序办理。

流动资金贷款是银行授信业务的主要品种，也是信贷产品的种类划分。适应企业不同需求，形式灵活、种类繁多。按贷款方式分为担保贷款或信用贷款；按贷款使用方法分为逐笔申请或一次审批、在授信额度内循环使用贷款；按偿还方式分为先息后本、本息到期总还或随借随还贷款；按贷款利率计算方法分为固定利率或浮动利率贷款等。在授信额度控制下，常见特色产品有：

（1）营运资金贷款。银行为满足优质客户日常经营连续使用资金需求，按合理额度核定和发放的贷款。

（2）循环贷款。银行按企业经营合理需求核定流动资金授信额度，签订循环贷款合同，企业在合同有效期内按核定的额度和方式多次提取，随借随还，循环使用的贷款。

（3）周转限额贷款。银行对企业按照"明确用途、落实还款、到期收回"原则，以约定的、可预见的经营收入作为还款来源而发放的贷款。

（4）储备资金贷款。银行对农产品加工等生产企业为支持季节性物资采购和储备而发放的贷款。

（5）法人账户透支。法人账户透支是指银行在对企业授信额度内，应企业请求在约定的账户、约定的限额内以透支的形式提供的短期融资和结算便利。当企业有临时资金需求而存款账户余额不足以对外支付时，法人账户透支可以为企业提供主动融资便利。

1.2固定资产贷款。固定资产贷款也叫建设项目贷款，是商业银行支持企业固定资产项目建设，并以项目建成后综合收益为还款来源所发放的中长期贷款。包括基本建设项目贷款和技术改造贷款。贷款特点是金额大、周期长、风险比较大。贷款条件首先要符合国家产业政策，按投融资管理程序通过主管部门核准或备案。同时对企业主体资格、信用记录、财务指标、担保措施以及贷后管理都有严格要求。固定资产贷款纳入企业综合授信管理，综合授信未包含该项贷款的，银行需在贷款项目审批时给予特别授信。

列入固定资产建设贷款管理的还有城乡基础设施建设贷款、房地产开发项目贷款、城市土地开发储备贷款，以及基于大型建设项目投资人与负债主体的连带责任，并以项目未来收益和全部资产为还款来源与风险保障的项目融资。

1.3企业并购贷款。并购贷款是商业银行向企业并购方提供的，用于支付被并购企业股权或资产对价所提供的贷款。银行支持对象一般为在本行开户的优势企业，通过收购现有股权、认购增发股份、收购经营资产、承接债务等方式来实现对目标企业的合并或控制。按并购方式，可分为企业兼并项目贷款和企业收购项目贷款。

并购贷款是一种特殊形式的项目贷款，具有固定资产贷款金额大、周期长、外延扩大再生产的特点，而且突破了信贷资金不能用于股权投资的限制。贷款到期一旦收不回来，银行可能被迫债转股成为股东。所以，银行对并购贷款十分谨慎，一般只支持政府主导的并购项目。近年开展的投贷联动试点与并购贷款业务相近，因此有的银行将并购贷款纳入投贷联动试点项目管理。

2.小微企业贷款

根据国家关于支持小微企业发展的一系列政策，商业银行经过长期探索，普遍建立一套利用金融科技成果、适合小微企业特点的信贷服务体系，主要服务创新有两项：

2.1信贷工厂。所谓信贷工厂，是商业银行借鉴工厂流水线作业的方法，将小微企业贷款申请、审核、授信、发放、风控等业务流程加以定岗定责定标，进行标准化处理的信贷处理方式。信贷工厂的中心处理系统建在总行，依托强大的数据处理技术，整合借款企业征信与老板个人征信数据、供应链交易结算数据、企业财报与税务、缴费、工商等公共数据，以及互联网平台合作数据，进行数据挖掘、量化评分和交叉验证。银行网点一线营销人员直接报送客户资料，系统自动完成客户定位、风险识别和授信配置，从而实现小微贷款大批量、集约化处理，极大提高了审贷效率。

信贷工厂对小微企业确定授信和贷款额度，主要依据是企业过往现金流、纳税和缴费记录，还款来源无法得到充分保证。所以，多数银行将信贷工厂用于处理小贷业务，授信额度控制在30万元至100万元不等。超过规定额度的，则要求提供房地产抵押，或第三方信用担保。

2.2个人金融经营贷。简称"个金经营贷"，是商业银行面向小微企业业主或创业者，以经营者个人作为负债主体，用本人名下房地产抵押（或金融资产质押）担保，按个人金融业务流程进行审批，贷放资金用于企业经营的贷款。这种贷款对于初创期企业而言，不仅突破了信贷资金不得用于资本金投资的限制，而且可以是中长期贷款，还款方式可以协商确定。

个金经营贷对于银行的好处显而易见，首先是极大简化业务流程，节省运作成本。同时将公司的有限责任转化为个人无限责任，加大了企业违约成本，有利于风险管控。所以，各家银行将其作为支持小微企业的服务创新，纷纷推出类似产品，例如民生银行的"商贷通"、招商银行的"经营贷"、交通银行的"圆梦贷"、光大银行的"阳光助业"等。这种贷款的消极因素是将企业贷款转化为经营者无限责任，对现代企业制度形成一定冲击※。

3.票据市场

票据市场是票据发行和流通交易的场所，也是企业利用票据进行融资的渠道。

3.1票据融资。票据融资主要指银行承兑汇票，简称"银票"，是产品买卖双方都可以利用的融资工具。融资方法包括银行承兑汇票授信和票据贴现。

银行承兑汇票授信是商业银行允许企业缴纳一定比例保证金签发银票，用于采购物料和服务的支付结算。票面金额大于保证金的部分就是银行对企业授信敞口，等于从银行获得一笔融资，属于买方企业的融资方式。

票据贴现是卖方企业的融资渠道。企业销售产品或服务取得一手或背书的银行承兑汇票，在票面载明到期日前需要现金时，可以将票据转让给银行取得现金，即为贴现。票据贴现属于有资产支持的融资方式，合法持有票据的各类企业都可以办理贴现融资。

4.贸易融资

贸易融资是商业银行服务进出口贸易，为买卖双方支付结算提供短期融资和信用便利的通称。随着我国市场化进程的加快，某些国际贸易金融工具在国内贸易结算也得到广泛应用。

4.1信用证融资。信用证是银行开立的有条件承诺付款的书面凭证，属于银行信用，是国际贸易支付结算常用的金融工具，也是贸易融资的常见方式。在信用证结算方式下，银行可以为进出口商提供多种短期融资。

（1）银行对进口商提供的融资方式有：

①信用证授信，是商业银行根据进口商（买方）资信情况，在授信额度内允许进口商（买方）全部或部分免收保证金向出口商（卖方）开立信用证，免收保证金的部分即为银行对企业的一笔融资。

②进口押汇，是进口商委托银行（开证行）对外签发进口信用证后，在收到进口单证条件下，以货运单据为抵押，立即向卖方银行（议付行）垫付进口货款的一种资金融通方式。

③提货担保，是指进口货物在先于信用证项下提单等物权凭证到港情况下，为便于进口商提货，避免货物滞港费用和损失，银行根据进口商请求向承运商出具书面担保。属于非信贷融资。

（2）银行对出口商提供的融资方式有：

①打包放款，又称"信用证抵押贷款"，出口商收到境外开来的信用证

后，为支付该信用证项下出口货物加工、包装及运输所需资金，用该信用证为抵押向银行申请的贷款。

②出口押汇，出口商将全套出口单证和收汇权交付给银行，银行扣除至收汇日的利息及有关手续费后，将剩余资金垫付给出口商，并保留追索权的融资方式。类似票据贴现。

③福费廷，也称"包买票据"，是指银行从出口商手中无追索权地买断由进口商开证银行（或保兑银行）保付的远期汇票面的融资方式。

此外，还有远期信用证贴现，国际保理等。

4.2保理。保理全称"保付代理"，按照《国际保理公约》定义，保理是集贸易融资、商业资信调查、销售分户账管理、应收账款催收及信用风险担保于一体的综合性金融服务。我国保理业务起步较晚，国内保理目前大多以应收账款融资为主。

保理按受理范围分为国际保理和国内保理，按举办主体分为银行保理和商业保理。银行保理是商业银行作为保理行，对货物贸易中卖方企业采取赊销方式所产生的应收账款，采取买断方式所提供的资金融通。应收账款债权同时转移给银行，这是保理与应收账款质押贷款的根本区别。因此受理条件比较严格，一般要求债权债务双方同在一家银行开户，债务人信用评级优良，并纳入综合授信。

4.3应收账款质押贷款。应收账款是企业赊销产品和服务所取得的债权资产。应收账款质押贷款是企业将应收账款收款权质押给开户银行所取得的贷款。应收账款质押在借贷关系中属于债的担保，不发生债权转移。

4.4供应链金融。供应链金融是商业银行利用其结算枢纽地位，依托产业链核心企业，分析上下游供应链上下游企业供需关系、结算方式和资金流特点，整合全链金融资源给予综合授信，或利用核心企业信用，为链上中小企业提供增信支持。在此基础上采取应收账款抵押贷款、银行保理、过桥贷款等方式解决应收账款变现问题。

5.上市融资

上市融资是企业将增发股份在证券交易所公开发行和流通，由投资者直接购买，进行资金募集的股权融资方式。上市融资按股票流通范围和监管分级，包括主板（也叫一板，包括中小企业板）、创业板（也叫二板）和科创板上市。上市后股票流通在固定的交易所内进行，叫场内交易。

5.1 IPO。IPO（Initial Public Offering）即公司股票首次公开发行，也叫新股发行。公司股票在主板和创业板上市的，IPO实行核准制。上市程序包括保荐人（证券公司）辅导推荐，股票发行审核委员会审核通过，证监会核准，然后通过询价机制确定发行价格，由主承销商组织面向社会公开发行，通过在线申购和线下配售进行资金募集。IPO首发成功后，再向证券交易所申请将已发行股票上市交易。

5.2上市再融资。简称"再融资"，是指上市公司在证券市场上通过增发、配股和发行可转换债券等方式进行的直接融资。再融资是根据公司发展战略，利用资本金补充机制，支持企业快速成长的重要手段。

增发新股是再融资的主要方式，公司申请增发需符合规定条件和发行规则，并经券商保荐、监管部门核准。

配股是指发行范围限于原有股东，并按持股比例增发新股的定向增发方式。配股属于老股东追加投资，增发后股东持股比例保持不变。

5.3借壳上市。借壳上市原意是上市公司的母公司通过优质资产注入，取得已上市公司的控股权，实现母公司资产上市，整体提升重组后上市公司的市场表现和融资能力。

国内俗称借壳上市是指非上市企业通过收购股份、资产置换等方式控制已上市公司，曲线实现上市目标，然后利用该上市公司进行再融资。这种操作实质上属于"买壳上市"，是我国资本市场开放不够，退市机制不健全的特有现象。

5.4科创板上市。科创板（STAR Market）于2019年6月在上海证券交易所宣告设立，而与主板市场相对独立的全新板块。市场定位是立足国际科技前沿，重点支持新一代信息技术、高端装备、新材料、新能源、节能环保以及生物医药等领域的科技创新企业。

按资本市场分层，科创板类似创业板（二板），但有5点不同：一是发行上市审核实行注册制；二是上市条件更为宽松，财务指标不设硬杠，重在持续经营能力，五套差异化指标符合其一即可上市；三是定价方式取消直接定价，实行全面市场化的询价与定价方式；四是交易机制更为灵活，股票交易涨跌幅限制放宽到20%，上市的前5个交易日不限涨跌幅；五是以信息披露为中心的持续监管更加严格，并同步建立了退市机制。

6.场外挂牌融资

场外交易是指非上市公司股票（或证券化资产）在交易所以外的场所进行交易，又称"柜台交易"（OTC，Over-the counter）。场外挂牌是企业通过挂牌展示，进行招股募集的融资方式。

6.1新三板挂牌。新三板全称"全国中小企业股份转让系统"，是由中关村股权代办转让系统（老三板）演变而来。2013年经国务院批准，将新三板升级为全国性证券交易场所。市场定位对标美国 NASDAQ（纳斯达克）市场，主要服务创业创新、成长型的中小企业。

新三板交易品种是公司股份，实行协议转让，因而属于场外交易市场。融资方式主要是定向增发，没有IPO，所以进入新三板叫作挂牌，而不是上市。企业在新三板挂牌的重要意义有3条：一是通过挂牌展示，可以增加企业在资本市场的曝光度，吸引投资者关注，提高股权融资成功率；二是规范信息披露，可以提升企业形象和信用评价，有利于打开银行信贷和债券融资通道；三是经由主办券商持续督导，实现公司规范运作，增加向科创板、创业板乃至主板转板的机会。

新三板市场准入条件比较宽松，没有明确的财务指标要求，挂牌审核实行注册制，以及主办券商保荐与持续督导制度。然而，由于主办券商和律师、审计师等中介服务团队均属企业单位，必然以盈利为中心。所以，各家券商对企业营收规模和盈利水平都规定了受理标准，企业财务不达标的，统统被拒之门外。这说明新三板政策门槛不高，却存在一个较高的市场门槛。

6.2四板（OTC）挂牌。 四板市场即区域股权交易市场，是在一定区域内为企业提供股权转让和融资服务的私募市场。2016年国务院发布《关于规范发展区域性股权市场的通知》，规定在一个省、市、自治区内，可以设立一家区域股权市场，由省级政府负责监管。

四板市场对标外国OTC市场，即柜台交易市场，是我国多层次资本市场重要组成部分，证监会将其定义为证券市场的基础层。四板挂牌条件由各省金融监管部门和交易市场自行确定，一般规定为依法设立两年以上的公司制企业（股份有限公司或有限责任公司），股东人数按非公众原则不超过100人。挂牌审核由市场管理机构负责，大多实行会员制，从而大大降低中介机构费用。市场为挂牌企业提供股权与债权登记、托管、转让、信贷、私募资源对接等综合性金融服务。

企业在四板挂牌展示的意义，一方面是以四板市场为平台，通过股权转让、参加私募债集合发行等方式进行直接融资；另一方面可以争取政策支持，获得专业孵化、辅导，加速公司成长和规范治理，为企业升板、上市创造条件。

6.3产权市场挂牌。产权交易市场是企业兼并、出售、拍卖、租赁、股权转让，以及各种非证券化资产进行公开交易的场所。目前各省市中心城市均建立了区域性产权交易市场。

产权市场是多层次资本市场的重要组成部分，也是为企业非标准化资本提供余缺调剂和变现融资的流通平台。交易品种包括生产物资、库存产品、固定资产和土地使用权等有形资产，以及企业股权、经营权、知识产权等无形资产。企业因转型升级、并购重组、资产和财务结构调整需要进行资产处置时，可以通过产权交易市场加以置换、变现，获得资金融通。

7.股权投资基金

股权投资基金是由专业机构募集和管理，而对非上市企业进行直接股权投资的金融业务，主要投资于股票一级市场。按基金对企业发展阶段投资偏好划分，可分为天使投资、风险投资（VC）和私募股权（PE）。

7.1天使投资。天使投资是天使投资人凭借其的专业能力和经验判断，对具有专门技术或独特概念的原创项目和早期企业提供的"种子资金"投资。种子期、初创期企业投资风险极大，融资渠道狭窄。天使投资为创业者在提供创业资本的同时，还能给企业带来专业技术和管理辅导，对于创业者来说简直是雪中送炭，因而获得"天使投资"的美誉。

早期企业和创业项目往往只有一个创意、一个方案或生产样品，项目可行性研究必需的市场分析、技术指标和财务资料不具备，无法采用专业方法进行投资评价与决策。由此可见，天使投资是具有更多不可预测因素、成功率很低的风险投资。所以，天使投资人一般是特定产业领域的资深专家和成功人士，并且具备敏锐的市场感知能力，发现人才的独特眼光以及承担风险的资本和胆识。

天使投资奉行"人投人"的投资逻辑，投资人对于项目的评价主要关注行业背景和独特性，在把握市场前景基础上，特别注重人的因素，包括创业者专业素质、从业经历、组织能力、拼搏精神和"三观"倾向等各方面评价，总之"能否干得了"就是天使投资的最高评价标准。

7.2风险投资基金。风险投资（Venture Capital，VC）简称"风投"，又称"创业投资基金"，是目前世界各国广泛流行的一种新型投资机构，通过私募方式吸收机构投资者和个人的资金，主要投资于初创期、创新型中小微企业和高新技术企业。风投的经营理念是高风险、高收益，大多采取直接股权投资方式，推动被投资企业加速成长，实现上市目标，从而获得资本增值收益，然后变现退出。

7.3私募股权投资基金。私募股权投资（Price Earnings Ratio，PE）是对拟上市公司进行股权投资，或参与已上市公司定向增发投资的投资模式。私募是指基金来源，采取非公开方式面向机构投资者或高净值人群进行募集。股权是指投资目标，主要是对上市前后公司进行权益性投资，并预先设定退出机制，通过被投资企业上市、兼并与收购（Mergers and Acquisitions，M&A）、管理层收购（Management Buy-Outs，MBO）等方式，实现获利退出。在我国，私募股权投资更倾向于投资接近IPO条件的成长型企业。

8.债券市场融资

债券市场是债券发行（一级市场）和买卖（二级市场）的场所。债券发行和交易通常在证券交易所进行，所以，股票市场和债券市场并称证券市场。债券市场按发行主体分为国债、金融债和企业债券。企业债券是企业作为发行人，按照法定程序和还本付息条件向投资者公开发行，筹措中长期债务资金的重要渠道。

8.1企业债。企业债是以国有独资或国有控股企业作为发行主体，为进行固定资产建设、技术改造、企业并购投资或财务重组，解决中长期资金所需发行的债券。企业债发行主体基于国有成分，加上行政审批，强制担保方式，实际体现了政府信用，所以，企业债信用级别与政府债券不相上下。

国有企业发债融资通常是为重大项目筹措资金。一般程序是由企业提出发债计划，确定主承销商（证券公司），并就发债规模、品种、利率等债券要素共同拟定发行方案，报国家发改委审查同意后，再经证监会和人民银行会签批文，然后按批准的发行方式组织发行。发行方式多数采取私募，面向金融机构、国企和其他投资人不公开发行，发行手续简单，不能上市交易。企业债期限可达5~10年，发债成本一般高于银行贷款，选择发债融资可能伴有调整负债和财务结构的需要。

8.2公司债。公司债是由股份有限公司或有限责任公司发行的债券。发行程序先由公司董事会做出决定，制定发行方案和募债说明书，报证券监管部门批准。公司债从负债主体上属于企业债，发行条件大同小异，但有四点重要区别：一是公司债发行主体必须是公司制企业；二是公司债采取公募方式，面向社会公开发行，并可以上市交易；三是公司债采取固定格式，按编码规则统一编号，债券全称为"××××年××××公司债券"，并在背面注明发行有关事项；四是公司债实行固定利率，收益一般不变。

可转换公司债券（简称"可转债"）属于公司债的一种。是按照可转债发行说明，可以在特定时间、按特定条件转换为普通股股票的特殊债券。可转债兼具有债券和股票的特性，是赋予投资者选择权的混合债券。投资人可以选择债券到期还本付息，也可以选择在一定时间内按照规定的价格将债券转换成公司股票。因此可转债发行利率一般低于公司债，对于成长性企业融资成本比较低，并有利于提高发行成功率。

8.3中小企业集合债/集合票据。中小企业集合债（简称"集合债"）是为了解决单个中小企业发债规模小的问题，由官方组织推动，多个中小企业集合组成一个发债主体发行的债券。集合债性质属于企业债，按照企业债发行程序，需要经过主承销商保荐，审计、法务、评级等机构见证服务。中小企业由于发债规模小，无力承担支付这些机构的服务费用，无法在债券市场获得融资。为了突破这个难题，集合债组织多家中小企业参加，按照"统一冠名、集合发行、集中担保、分别负债"方式做大发债规模，相应降低发行成本，实现了帮助中小企业募集中长期资金的目的。集合债的难点是组织、运作工作量大，财务门槛要求较高，加上统一担保问题难以解决，使其在全国范围内推广受阻。

中小企业集合票据设计原理与中小企业集合债类似，是指由多个具备一定条件的中小企业组成集合，采取"统一产品设计、统一券种冠名、统一信用增级、统一发行注册"方法，在银行间债券市场发行，约定在一定期限还本付息的债务融资工具。参加集合的企业一般为2~10个，由地方主管部门或主承销商（城市商业银行或证券公司）担任牵头发起人，向全国银行间交易商协会报备，组织律师、审计师、信用评级等中介机构进行尽职调查，落实担保措施，经银行间交易商协会审核注册后，在同业市场发行和流通。集合票据属于直接融资工具，期限2~3年，综合融资成本10%左右，有助于企业降低流动负债率，改善债务结构。

8.4私募债。私募债是以中小微型企业为发行主体，以非公开方式发行和转让，预定在一定期限还本付息的公司债券。所谓私募，是相对于公司债的公开募集，面向特定对象不公开发行的债券形式。

私募债起源于美国，是由信用评级在BBB级以下的公司发行的公司债券，俗称"垃圾债"，因其信用等级低、发行利率高，具有高风险、高收益特征，也称为高收益债券。是中小企业筹集中长期资金的有效方式。我国于2012年开始推出中小企业私募债，发行主体规定为符合工业和信息化部关于企业划型分类标准的中小微型、公司制企业。发行条件没有资产总量、盈利要求，发债规模可突破净资产比例限制，但不高于年度营业收入。债券期限在1年以上，利率不超过同期银行贷款基准利率的3倍。发行程序无须行政审批，由主承销商推荐在沪、深证券交易所备案，审核通过后，通过证券公司或沪、深两市固定收益证券交易系统发行和转让。

为了帮助小微企业利用私募债进行直接融资，有的地方试点由四板市场牵头发起，采取集合债发行方式，以突破单个企业发债规模小、成本高等问题。

8.5双创债。创新创业公司债券简称"双创债"，是指符合条件的创新创业公司、创业投资公司，依照相关法律发行的公司债券。

双创债是在"大众创业、万众创新"大潮中，为支持特定范围内的高科技、创新型企业而设立的债券品种。根据证监会《关于开展创新创业公司债券试点的指导意见》，双创债的发行主体限于在国家"双创"示范基地、全面创新改革试验区域、国家综合配套改革试验区、国家高新技术产业园区和国家自主创新示范区注册，按照国家高新技术企业标准认定的创新创业公司，或在新三板挂牌的创新层企业，以及向创新创业企业进行股权投资的公司制创业投资基金和创业投资基金管理机构。发行方式可采取公开发行和非公开发行，承销和流通方式类似公司债。业内人士预期"双创债"或为公司债与私募债并轨的探索。

9.信托市场融资

信托是受人之托、代人理财的非银行金融机构。投资是信托公司代人理财的主要手段，也是实体企业融资的重要渠道。

9.1信托贷款。也叫贷款类信托产品，是按信托计划（或委托人）指定的对象、用途、期限、利率与金额等发放贷款，并负责到期收回贷款本息的投资业务。信托贷款属于非标准化金融工具，具有很强的个性化特点，贷款利率、期限、用途和管理均由双方协商约定，风险与收益相匹配，放款灵活，便于满足企业的融资需求。同时，信托公司是以资产管理人身份实施贷后管理的，能够跟踪监控贷款的使用，确保封闭运行，实时掌握企业经营和财务状况，限制担保、借款、资产处置和关联交易等重大经营活动。此外，信托公司还可以根据企业发展进行贷款与投资的互相转化，分享企业成长收益。但是信托贷款需要具备一定规模，主要面向效益稳定的大型企业。

9.2信托投资。信托投资是信托公司用自有资金、长期信托资金或私募基金以投资者身份对企业进行的直接投资。主要投资方式有两种：一是权益投资，也叫权益投资信托，是按信托计划将信托资金投资于能够带来持续稳定收益的财产权、收益权的经营业务。权益投资项目包括基础设施收费权、公共交通和旅游项目营运权、教育项目收费权等，也可以是另外一个信托计划的受益权。二是股权投资，也叫股权投资信托，是信托公司按委托人意愿，以信托公司名义将信托资金直接投资于目标企业的股权。信托公司既是投资管理人，又是显名股东，受托行使股东权利，直接参与投资企业经营成果的分配，并承担相应的风险。

9.3中小企业集合信托。中小企业集合信托的出发点类似集合债，是为了解决单一企业信托融资能力弱问题，将若干需要融资的中小企业集合起来，作为一个主体制订信托计划，通过信托公司统一发行信托计划募集资金，然后采取信托贷款方式，解决集合内企业融资需求的特殊信托产品。通过做大信托规模，既可以帮助中小企业获得信托融资，降低融资成本，又可以利用集体预防机制，降低债务风险。

集合信托计划按照统一方案设计、统一产品冠名、统一担保增信、分别承担负债责任的"三统一分"原则，一般由地方国有企业作为劣后，即充当安全垫的资金，承担风险在前，而收益分配在后。并要求劣后和发起单位率先注资。信托贷款由信托公司与统一担保公司签订担保合同，集合内企业与担保公司分别签订反担保合同。信托公司再与集合内企业分别签订借款合同，然后发放贷款。

10.融资租赁

融资租赁是以融物代替融资的资金融通方式。传统租赁是融资租赁的起源，同样具有以融物代替采购资金开支的作用，所以一并加以介绍。

10.1经营租赁。经营租赁是出租人以获取租金为目的，将设备物件使用权按约定时间让渡给承租人的租赁业务。经营租赁包括融资租赁以外的各种租赁形式，其与融资租赁的主要区别，一是承租目的不同，传统租赁承租人没有资产购置计划，租赁行为只是为了解决短期、临时或季节性的生产、工程需要；融资租赁恰恰相反，承租人有购置和长期使用该项资产的需求，租赁行为是为了解决资产购置的融资问题。二是租金计算的依据不同，经营租赁是按设备物件的占用时间计算租金，而融资租赁以承租人占用资金额度和时间计算租金。

经营租赁的市场主体有两种类型，一类是大型设备制造商下设租赁部，为满足不同层次需求，针对临时或季节性需求开展的经营性租赁业务。既可以减少设备闲置，又能够丰富产品线，有助于提高企业美誉度和市场占有率。另一类是专业租赁公司，即传统租赁。出租人根据市场需求购置租赁设备和物件，通过循环放租、收取租金获得收益。租赁设备和物件所有权始终归出租人所有，出租人负责租赁物件的维修、保养以及相关税费。

10.2融资租赁。融资租赁是以融资租赁公司为信用中介，为企业购置设备提供资金融通的现代租赁业务。一项融资租赁业务需要承租人（企业）、出租人（融资租赁公司）、生产厂家三方当事人共同参与，三方关系可概括为"一个标的物、两份合同、三方当事人"。一般操作流程是出租人根据承租人（企业）添置设备和选型请求，与设备制造商订立供货合同，同时与承租人订立租赁合同。然后由融资租赁公司向制造商支付设备价款取得所有权，再将设备出租给承租人。出租人在租赁合同期间按约定收取租金，逐步收回投资，并获得利息和服务回报。一笔业务下来，既帮助设备需求方融通了资金，又帮助供给方销售了产品，可谓三赢、三方受益。

以上业务模式是融资租赁公司的基本业务，也叫直租业务。在此基础上，根据客户个性化需求不断创新，涌现出一些派生产品，例如售后回租、委托租赁、杠杆租赁、厂商租赁、转租赁和国际租赁等。

在我国，还有一种与融资租赁同业不同名的金融租赁，两者唯一区别是主管部门不同。融资租赁是商务部主管，无法在金融市场筹措经营资金。金融租赁由银保监会监管，属于非银行金融机构，可以在同业市场融资。此外在会计与税务处理上也存在一些差异。

11.政策性贷款

政策性贷款是依托国家信用，利用信贷支持和市场信号，服务经济发展和产业结构调整的金融调控工具。调控手段分为政策性银行贷款、政策支持的优惠贷款。

11.1政策性银行转贷款。政策性银行是国家设立，财政出资并提供经营资金，在特定领域开展信贷业务的专业银行。政策性银行贷款具有直接干预经济活动，体现政策导向的强大作用。我国在1994年成立3大政策性银行——国家开发银行、农业发展银行、进出口银行，主要任务是支持国家重点建设项目建设，担负国计民生关键行业的运营支撑。2015年国务院发布的《推进普惠金融发展规划（2016~2020年）》明确提出，鼓励政策性银行以批发资金转零售贷款（简称"转贷款"）形式，与商业银行合作为小微企业提供低成本贷款。从而一改政策性银行贷款"高大上"形象，从云端走向民间，成为小微企业融资的现实途径。转贷款的一般做法是，由政策性银行以批发形式提供低成本信贷资金，与地方城商行、农商行、村镇银行、民营银行和农村信用社等金融机构合作，面向小微企业开展零售贷款。地方银行按照自营贷款标准进行独立审查，自行承担贷款风险。

国家开发银行定位是开发性金融，主要是通过中长期贷款支持重大产业开发项目、大型基础设施项目。2005年根据中央关于新农村建设部署，提出开发性金融下乡，与地方政府合作构建融资平台、担保平台、公示平台和信用服务平台，并提供批发贷款，委托地方商业银行或农村信用合作机构对企业办理批转零贷款，首创政策性银行转贷款模式。国务院普惠金融五年规划发布后，国开行与浙商银行合作率先开展转贷款试点，并很快将试点范围扩大其他省区。发挥政策性银行资金成本低，地方银行直接联系企业的优势，加大对小微企业和农户经营扶持力度，2019年转贷款规模目标达千亿元。

农业发展银行承担农业政策性贷款，并代理财政性支农资金的拨付。其重点支持国家粮棉购销储、农业产业化经营和农业农村基础设施建设，服务对象主要是"三农"企业，信贷产品包括以上3大类业务达30多种。限于农业产业化特点，三农贷款支持对象大多为中小型企业。近年来按照国务院关于转贷款要求，现已在全国多数省区市与当地金融机构合作开展支农转贷款业务，转贷服务对象明确为各类新型农业经营主体、小微企业、农村创业者。

进出口银行是以促进国际经济合作，支持对外贸易和投资为宗旨的政策性银行。我国加入WTO以来，根据国家鼓励企业"走出去"战略，面向外向型企业提供机电产品进出口、对外工程承包、文化产品和服务贸易3大类信贷产品。近年来为应对中美贸易战冲击，加大对外贸企业支持力度，积极探索对外向型小微企业开展转贷款业务，先后与广东、浙江、上海、陕西等省市地方银行开展转贷款试点。

11.2政策支持贷款。政策支持贷款是中央和地方政府为扶持小微企业发展，利用政府信用和财政资金为小微企业贷款提供增信支持或贴息，帮助企业获得银行贷款。这类贷款的特点是，政府并不直接提供贷款，而是提供信用和利息补贴。不是干预银行贷款，而是为银行分流风险，承贷银行仍按各自贷款审核标准和业务流程自主放贷，独立承担贷款风险。常见支持方式有两种：

一是信用担保贷款。针对小微企业银行贷款难的问题，由政策性担保机构提供第三方信用担保，帮助企业突破财力弱、信用低瓶颈，获得贷款支持。政策性担保机构是由政府出资或控股，为支持中小企业发展而设立的专业公司。作为中国特色的担保形式，信用担保贷款是在2009年全球金融危机背景下应运而生，与商业性担保互为补充。2015年国务院发布《关于促进融资担保行业加快发展的意见》（国发〔2015〕43号），推动政策性担保跨上新台阶，现已形成由国家融资担保基金为引领，省级再担保机构为后盾、市县融资担保机构全覆盖的政策性担保体系。规划在2020年底前使小微企业和"三农"经营单位在保户数达到60%。

二是财政贴息贷款。贴息贷款是政府部门为调控经济运行和市场导向，对特定用途的银行贷款给予全额贴息或部分贴息的优惠贷款。发挥四两拨千斤作用，吸引社会投资，促进优势或短板产业发展。贴息范围可以是一个行业、一类企业、一项任务、一个项目或产品，灵活多样，名目繁多。例如高新技术企业贴息贷款、农业产业化龙头企业贴息贷款、农业产业化经营贴息贷款、清洁化生产贴息贷款、创业贴息贷款等。2020年初新冠肺炎疫情高峰期，财政部紧急安排了疫情防控重点保障企业贴息，疫情趋缓又出台了企业复工复产贴息，创业担保贴息。各地贯彻"六稳六保"方针，纷纷推出保就业、保民生、保小微企业、保供应链的贴息贷款。

12.产业引导基金

产业投资基金是由国家发起设立，为促进经济结构调整和产业升级，发挥产业政策导向作用，按照"政府引导、市场运作、防范风险、滚动发展"原则管理的股权投资基金。基金设立和管理与VC/PE有三点不同。（1）引导基金是由政府牵头发起和出资设立，有关部门组成专职委员会管理，投资方向一定的母基金，而不是一般意义的法人主体；（2）母基金投资是按该基金规定方向，作为基石投资人按一定比例出资，与适格基金管理人（GP）合作募集设立直接投资子基金，而不是直接投向某个企业和项目；（3）基金管理严格按有限合伙机制运行，母基金管委会主要负责管理人遴选和监管，受托管理人全权负责投资决策和运营管理，独立承担经营后果。目前已经设立的国家级基金有中小企业发展基金、科技成果转化引导基金、新兴产业创业投资引导基金等。各省市自治区根据区域发展规划和产业政策，也建立了一些地方性产业引导基金。

12.1国家中小企业发展基金。 中小企业发展基金是根据《中小企业促进法》设立，以支持初创期的小微企业发展为目标的母基金。按照2002年颁布的《中小企业促进法》规定，中央财政首次设立中小企业预算科目，为扶持中小企业发展，先后建立了中小企业发展专项资金、中小企业国际市场开拓资金、中小企业服务体系专项补助资金、中央补助中小企业平台式服务体系建设专项资金、中小企业信用担保资金。2015年国务院决定整合上述7项资金，由中央财政合计安排150亿元作为引导基金，发挥杠杆作用，吸引金融机构、企业等各类社会投资，建立总规模为600亿元的国家中小企业发展基金。由工业和信息化部、财政部牵头成立国家中小企业发展基金理事会，负责子基金（即直投基金）管理人遴选和监管。

按照理事会制订的子基金设立方案，现已设立4只有限合伙制直投子基金，至2019年认缴总规模达195亿元，完成投资项目222个，投资总额60亿元，主要投向高端装备制造、新能源、新材料、生物医药等战略性新兴行业。

12.2国家新兴产业创业投资引导基金。 新兴产业创业引导基金是根据国家创新驱动发展战略，重点支持新兴产业领域创新型企业的母基金。由中央财政战略性新兴产业发展专项资金、中央基建投资专项资金合并而成，目标是发挥母基金杠杆作用，吸引社会资本参与，形成总规模400亿元的创业投资引导基金。现已在北京、深圳等地设立3只直投子基金，基金管理人采取公开招标的方式竞争优选。主要投向战略性新兴产业和高技术产业领域处于初创期、早中期且具有原始创新、集成创新或消化吸收再创新的创新型企业。初创期创新型企业是指"5333"型企业，即成立时间不超过5年，职工人数不超过300人，资产总额不超过3000万元，年销售额或营业额不超过3000万元。早中期创新型企业是指"522"型企业，即职工人数不超过500人，资产总额不超过2亿元，年销售额或营业额不超过2亿元。

12.3国家科技成果转化引导基金。 科技成果转化基金是为了加速推动科技成果转化与应用，由中央财政出资设立的母基金。利用母基金牵引放大作用，带动地方财政、金融资本和民间资本共同参与，至2019年已建立有限合伙直投子基金23只，基金认缴总规模金额300亿元。转化基金支持对象主要是利用中央和地方财政资金形成的科技成果，包括新技术、新产品、新工艺、新材料、新装置及其系统转化。支持方式包括设立创业投资子基金、贷款风险补偿和绩效奖励。投资项目集中在新一代信息技术、生物技术、新材料、新能源四大领域。

13.网络银行

网络银行是互联网时代应运而生的新型金融服务，主要有直销银行、网络小贷两种类型。

13.1直销银行。 直销银行是只有一个经营地址，不设分支机构和营业网点，经营业务全部在线办理的"一行一店"式银行。业务处理基于互联网平台，利用现代数字通信、大数据、云计算及物联网技术为客户提供端对端服务。企业开户、贷款、收支结算业务全部通过远程通信方式在线办理。至2019年，全国宣告成立的直销银行已达130多家，按发起主体分两大体系。

一是民营系互联网银行，是金融领域的新军。现已批准设立的浙江网商银行、深圳微众银行、四川新网银行、江苏苏宁银行、湖北众邦银行等5家互联网银行，均由民营企业发起设立，单一从事网络银行业务。批准业务范围有吸收存款、发放贷款、转账汇款、网上交易支付和投资理财等。特色信贷产品如网商银行面向电商经营者的"网商贷"，面向农村专业户的"旺农贷"。微众银行面向微信和QQ用户的小额信用循环信贷产品"微粒贷"等。

二是银行系直销银行。商业银行紧跟金融科技步伐，自2014年民生系首家直销银行面世，至目前大中型银行大多开办了子公司或事业部形式的直销银行。在直销平台上整合本行存贷汇客户资源，运用大数据、人工智能成功植入网络小贷技术，以手机APP为前台，打通理财、个贷与小贷业务，降低贷款门槛，并发挥效率高、成本低优势，使小贷业务贴近小微企业融资"小、频、急"特点。著名产品有江苏银行"心享贷"、北京银行"会贷宝"、民生银行"称心贷"、重庆银行"DIY贷"、宁波银行"白领融"等。

13.2网络小贷。网络小贷是持有小贷公司牌照，而在网络平台上开展业务的经营机构。与P2P的区别是持有小贷公司金融牌照，可以合法开展贷款业务；与一般小贷公司的区别是利用网络空间，突破了线下小贷地域限制。目前全国经省级金融监管部门核发网络小贷牌照，并经互联网金融整治过关的网络小贷机构有22家。经营方式是基于网络平台，依托发起人客户资源或与电商合作批量获客，运用网贷专用工具，分析借款人身份信息、借款用途、消费特征、交易场景、信用记录等数据，综合评定借款客户信用风险，确定授信方式和额度，并借助二维码、GPS和人脸识别技术，在线上完成贷款审批、风险识别、贷款发放和贷后管理全流程的小贷业务。

14.网络借贷

网络借贷是资金供需双方通过互联网直接进行交易的借贷活动，包括个体网络放贷和专业P2P网络借贷，一般特指P2P网贷。

P2P是利用互联网平台为资金需求方（借方）和资金提供方（理财方）提供借贷信息和交易的金融服务模式。核心特征是将传统民间借贷搬上互联网，实现资金供需双方直接沟通，解决传统金融信息不对称问题，为小微企业开辟了一条直接融资渠道。然而由于一哄而上，发展过热，跑路事件频发，成为互联网金融的重灾区，也是互联网金融整治重点目标。随着问题平台风险暴露，中央和各省市区整治力度不断加大，有些地方已将P2P清零。至目前，全国只有翼龙贷等少数几家网贷平台维持正常运营。下一步整治重点将转向化解问题平台风险，有序推进合规网贷机构转型，并纳入金融监管。

2015年人民银行等十部门印发《关于促进互联网金融健康发展的指导意见》，将P2P明确定性为网络借贷信息中介机构。按照这个定性，全面取缔了资金池、自融、增信、拆标、承诺保本、股市配资等违规业务。保留业务主要集中在抵押贷款和供应链融资，例如车贷、房贷、保单质押贷款，以及应收账款变现等有资产支持的借贷产品。现存业务模式：一是纯信息中介，只负责制定规则，提供交易平台，不参与交易，也不承担贷后管理责任；二是线上线下相结合，以服务取胜；三是机构合作P2N模式，与小贷公司、理财机构或担保公司等机构（即N端）合作，对接N端客户和资金提供方，实际为代理服务商。

15.网络众筹

网络众筹是利用互联网传播渠道，面向公众募集创业资本的融资方式。按众筹目的划分有4种众筹方式，即回报众筹，也叫产品众筹；公益众筹，也称捐赠众筹；债权众筹和股权众筹。市场常见的是股权众筹。

15.1股权众筹。股权众筹是以让渡股权换取创业资本的股权融资方式。初创期企业融资渠道十分狭窄，投融资信息严重不对称。股权众筹利用互联网面向广大网民募集资金，突破了定向私募的时空限止。一方面为创业者开辟了股权融资新渠道，只要项目前景能够打动投资者，就能快速完成创业资本筹措。另一方面将股权投资这个属于高净值人群的"特权"一步扩大到普通网民。工薪阶层、平民百姓都可以参与创业项目投资，分享项目成长收益。

股权众筹于2011年进入我国，起初监管部门将其定义为网络股权私募，严格按私募界定股权众筹发行方式和认缴人数。2012年美国颁布《乔布斯法案》（JOBS ACT），大幅放宽新兴成长型企业的私募发行限制。于是证监会在2015年《关于对通过互联网开展股权融资活动的机构进行专项检查的通知》中，明确将股权众筹定义为"通过互联网形式进行公开小额股权融资的活动"，给股权众筹松了绑，但同时规定，公募股权众筹只限于在取得资格认定的单位进行试点。这样一来，就出现了两类众筹平台：

一类是官方批准的公募股权众筹平台。至目前，获得证监会资格认证的3家试点单位分别是阿里巴巴旗下蚂蚁金服、平安前海普惠众筹和京东众筹。股权公募一举突破私募的对于发行方式、对象和人数限制，曾引起市场热烈反响。但试点结果并不成功，2015年3家公募试点先后上线，连续发生几起背信欺诈案件，试点单位为规避监管风险，纷纷放弃公募众筹，转向产品众筹。

另一类是尚未获得官方批准的私募股权众筹平台。证监会批准3家试点单位后，迄今没有明确公募股权众筹认证标准，所以未获官方认证而事实存在的众筹平台，仍按"互联网非公开股权融资"规则进行私募。由于政策限制，加上每笔众筹金额不大，所以发展比较平稳。互联网金融火爆的时候，网络众筹没有成为投资热点。互联网金融被整治以来，私募股权众筹平台也未被列为整治重点，始终处于不温不火状态，没有发生P2P那样的大起大落。

15.2产品众筹。产品众筹也叫回报众筹，是众筹项目发起人用非常有诱惑力的创新产品和价格作为回报，吸引人们投资的众筹方式。募集资金用于该产品开发和生产，回报产品可以是一件实用物品，一场电影、电子游戏或一个活动。众筹参与者实质上并不是投资，而是预付款消费。所以吸引力较弱，国内外产品众筹多为股权众筹的伴生形式。

我国的产品众筹是由股权公募试点受挫，试点单位改变业务方向形成的。如前所述，股权公募著名案例连续爆雷，爆雷原因表面上是社会信用基础不良，实质是违背了早期投资原理，投融资双方互不见面，投资者无法评判众筹发起人的品行和能力。投资决策被发起人忽悠和网络热炒绑架，从开始就埋下爆雷隐患。加上众筹投资项目成功率很低，市场信心严重受挫。于是3家公募平台先后转向监管宽松，风险较小的产品众筹。虽然还挂着公募的牌子，一般不再受理股权公募项目。股权公募从而变成产品公募。

由于产品众筹性质上属于商品买卖，不涉及股权或债权法律关系，所以业务范围弹性很大。各家平台为了扩大业务，都在打着众筹旗号做现货买卖。上线项目很多属于新产品展示促销，用特惠价格和限时限售吸引"投资"。众筹目的不是募集创业资金，而是为了增加营收。

16.互联网金融门户

互联网金融门户是互联网门户网站利用渠道资源进行金融产品销售，或为金融机构标准化产品提供垂直销售渠道的第三方服务平台。为小微企业服务的产品主要是互联网小贷。

互联网贷款是网络平台利用客户资源和技术优势，建立金融门户，面向消费者开办的零售贷款和金融服务业务。互联网平台依托巨量注册客户信息和流量数据，运用大数据和算法技术能够实时跟踪客户，批量获客，引导消费。还可以模拟借款人消费特征，进行风险评估、授信处理和贷后管理。并实现全流程在线自动响应、极速审批放贷。在零售贷款上凸现效率高、成本低、风险相对较小等多方面优势。

2015年6月，国务院常务会议决定放开消费金融市场准入，鼓励国内外银行、民间资本和互联网企业发起设立消费金融公司。360金融率先亮相，一线互联网平台紧随其后，到2017年都建立了各自的金融门户，争抢消费金融这块大蛋糕。放贷资金来源，大多采取与商业银行、保险公司合作，凭借客户资源和自身信用，从金融机构取得批发贷款，在各自金融门户上开展零售贷款业务，赚取批零差价。如360借条、蚂蚁花呗、百度"有钱花"、京东白条等，注册客户凭身份证号或手机号等个人信息，就可以获得20万至30万元消费贷款。创业者变通用于企业短期资金周转，并不受限。

2020年5月，银保监会服务"六稳六保"方针，公开就《商业银行互联网贷款暂行管理办法》征求意见，《办法》将互联网贷款由消费贷扩大到经营贷。为小微企业融资增加新的渠道。以蚂蚁金服为代表的网络小贷利用银行批发贷款和ABS筹资，无节制高杠杆、高利率放贷，对国家金融安全构成潜在风险。为此，人民银行、银保监会、证监会、国家外汇管理局四大金融监管部门于2020年11月3日联合对蚂蚁集团进行了监管约谈，并暂停蚂蚁金服的科创板上市进程。紧接着，银保监会发布《网络小额贷款业务管理暂行办法（征求意见稿）》，对网络小贷公司与互联网平台的制约关系、注册资本金门槛、经营区域范围、筹资来源与净资产倍数、单笔联合贷款出资比例做出规定。与此同时，人民银行发布的《金融控股公司监督管理办法》正式实施，标志着国家正式将互联网金融门户纳入金融监管，金融科技行业监管环境将日趋严格。

17.易货贸易

易货贸易包括原始实物交换、个人小件物品换货和以网络为媒的现代易货，对于企业具有融资功能的是网络现代易货。

现代易货是以实物交换代替现金支付的融资方式。原始易货以实物交换为特征，只能进行单边交易。互联网为易货开辟了多边交易便利，通过第三方平台沟通供求，并采取法定货币计价结算方式，为企业开展大宗物资交换服务。不仅有助于产品推广和销售，而且具有融资功能。目前市场上出现的易货贸易模式有3种：

一是信用平台模式。易货贸易平台实行会员制管理，会员企业以库存商品为抵押，平台根据价值评估给予一定授信额度。企业利用授信额度可以在平台会员企业中采购自己所需要的货物或服务。平台作为易货贸易枢纽，具有记录见证、交易结算、货物交割、系统维护等多种功能。著名平台如爱巴特国际易货。

二是委托代理服务模式。平台接受企业委托，代理进行易货交易，收取居间服务费。

三是易货信息服务模式。平台主要提供信息服务，发布易货需求信息，买卖双方在线或线下"一对一"谈判成交，属于易货P2P。

18.债权融资

企业销售产品或服务，因买方延期付款形成的应收账款，或取得商业承兑汇票，均属于债权资产。企业需要变现时，可以通过保理、转让等方式进行融资。

18.1商业保理融资。商业保理是由专业保理机构（保理商）为卖方企业的应收账款提供包括资金融通、商务调查、商账催收、专户管理和担保信用等多项服务的套餐式解决方案。商业保理原理上与银行保理基本相同，但有两点区别：一是举办目的不同，银行保理是商业银行的延伸服务，举办目的是围绕核心业务，丰富服务品种，增强客户黏性。商业保理是由专业机构举办，并以自身信用为基础，以保理服务为主营业务，是营业收入的主要来源。二是服务对象和内容不同，银行保理服务对象仅限于在本行开户的企业，并要求应收账款债权债务双方同在一家银行开户，保理金额纳入单项授信额度。商业保理的目标市场以规模较大，应收账款循环发生的实体企业为主。

我国商业保理起步较晚，缺乏专业人员，加上市场秩序和信用基础差强人意，商业保理机构一般只能提供融资或商账催收业务。

18.2应收账款转让。应收账款是企业赊销产品或服务，或买方拖欠货款形成的债权，属于未完成结算的状态。企业需要现金时，如果无法获得银行抵押贷款或保理，可以采取应收账款转让进行融资。转让对象和方式有3种：

一是对商业保理或理财机构债权买断，买家作为投资买断后，以债权人身份向应收账款债务人催收账款。

二是在应付账款交易平台协议转让，交易平台基于网络提供应收账款买卖信息和商务服务，企业可以登录平台发布应收账款转让信息，寻求转让融资。

三是向应付账款债权人背书转让，即当企业采购物料需要支付货款时，将应收账款有效凭证背书转让给对方，类似票据支付结算。

18.3供应链融资。供应链融资与供应链金融一字之差，但两者举办单位和业务模式均不相同。供应链金融是由商业银行举办，利用核心企业与上下游配套企业结算关系，将银行保理业务加以升级，实现闭环运作、锁定风险的信贷创新业务。供应链融资举办方大多为商业保理公司，或由P2P改行而来，线上发布应收账款买卖信息，线下撮合成交。保理业务大多采用"反向保理"模式，即依托产业链核心企业信用，帮助卖方企业解决应收账款变现问题。具体业务处理又分两种方式：一种方式是保理商牵头与产业链核心企业和商业银行三方达成协议，由核心企业担保，商业银行对应收账款债权人核发贷款。另一种方式是保理商首先与产业链核心企业达成协议，凭保理合同和自身信用取得银行授信，或通过其他渠道筹措资金，然后对产业链上企业的应收账款进行"贴现"。应收账款到期时，从核心企业收回资金。

供应链融资主要特征是借助核心企业信用，自然要求一定的回报，加上商业银行利息和保理商费用，事实上加大了应收账款融资成本和小微企业负担※。

18.4 商业承兑汇票贴现。 商业承兑汇票简称"商票"，是由企业法人承兑的票据。商票可以由商品的买方（债务人）签发并承兑，也可以由商品的卖方（债权人）签发，交由债务人承兑。商业承兑汇票签发人须为在银行开立存款账户的企业法人，有真实贸易背景并与银行建立了委托付款关系，具有支付汇票金额的可靠资金来源。商票与银行承兑汇票因签发人不同，代表不同的信用标志。商业承兑汇票属于商业信用，银行承兑汇票属于银行信用，决定了商票的信用等级和流通性低于银票。

商业承兑汇票变现类似银行承兑汇票，可以通过商票贴现和背书转让进行融资。银行受理商票贴现一般要求在本行开户，并为列入授信名单的国有企业、上市公司，或信用优良的民营企业，在保留追索权条件下办理贴现。承兑人不属于以上类型的，需要取得银行保函才能贴现。商业承兑汇票背书转让，可以作为企业购进物料时的支付手段，用债权转让替代现金支付。但对方是否接受，则要看承兑人信用状况和贴现难易。

19.预收账款融资

预收账款是货物（或服务）卖方采取预收货款、定金和发行充值卡的方式锁定购销关系，并获得融资的商业信用形式。属于买方对卖方提供的商业信用，也称"后向融资"。

19.1预收账款。预收账款是卖方企业按合同约定，在交货前向货物（或服务）买方收取一定的定金或货物价款，利用买方提供的信用筹措短期资金的方法。传统的预收账款一般适用3种情况：

一是卖方市场商品。市场供不应求紧俏商品，或因资源或技术限制导致的短缺产品，供货方凭借卖方市场地位，将预收账款作为达成交易条件。

二是自然或行政垄断行业。例如铁路、电信、网络、水暖电气等采取预收费结算的产品。

三是非标准化制作或资产转换周期长的产品。例如远洋轮和重型设备制造、大型建筑工程、非标设备和器具，供货方需要预收部分款项采购物料，并按订单组织生产或展开工程。

19.2电子货币融资。电子货币是存储在磁条卡、IC卡（集成电路卡，Smart Card）等电子介质或电子钱包账户上，并作为支付手段的现金符号。常见的电子货币形式如手机SIM卡、购物卡、加油卡、健身卡，以及电子商务账户卡，等等。电子货币与人民币现金等值，可以相互转换，通过第三方平台实现支付。通常采取发行预付费充值卡、账户卡的方式，广泛应用于大众消费领域。从而将企业之间的商业信用迅猛扩大到企业对个人和人与人之间的消费信用，使预收账款融资出现巨幅增长。

电子货币融资是商家以自身信用为保障，面向消费者发行预付费充值卡、账户卡预收账款的新型融资方式。发行是否成功，取决于消费者对商家的信任程度，适用范围和条件：

一是信用卓著的大型国企或上市公司，如三大电信、石油等；二是经营地址固定的生活服务和零售服务行业，如超市、餐饮、美容、健身、洗车等项目；三是基于互联网门户的专业服务或文化娱乐项目，如游戏、教育、咨询、商务服务等，利用发行Q币或电子钱包记账消费，具有促销和融资的双重功能。

20.典当融资

典当是最古老的金融业态。传统典当认物不认人，按质押贵重物品价值折换当金，以解决质押人临时、小额、紧急现金需要。由于我国金融开放度不足，小微企业融资难问题突出，所以典当行主营业务大多转向以提供企业过桥贷款的现代典当。

根据主管部门政策导向和市场需求，现代典当经营业务以小微企业融资为主营方向，融资方式包括汽车、房地产及其他优质资产抵押贷款，很多典当行在发证部门辖属区域内实现了网络连锁经营。贷款条件与银行大同小异，但具有借贷门槛低，贷款快捷，贷款用途不受限制，当期灵活，可随借随还等独特优势，是小微企业筹措过桥贷款、短期周转资金的便捷通道。不利方面是融资成本较高，综合费率包括评估费、手续费、保管费、保险费、服务费、税费等，企业典当融资要特别注意专用名词含义和费用条款。

21.合同能源管理（EMC）

合同能源管理，英文缩写EMC（Energy Management Contracting mode），顾名思义是以推动节能环保为目标，用减少能源支出来收回节能项目投资的市场化节能机制。利用EMC项目融资，可以使项目参与各方都从中受益。

EMC项目运作与融资租赁形式十分相似，只是多了一方EMC项目服务商

EMCo，项目运作过程可以概括为"一个项目，三份合同，四方当事人"。四方当事人的角色和责任分别是：

（1）节能项目业主，生产企业或固定设施业主，存在以节能产品替代高耗能设备的需求；

（2）EMCo服务商，是以EMC管理机制实施节能项目从中获利的专业化公司，也是掌握该类节能产品应用的技术服务商；

（3）节能环保产品厂家，是提供该类节能产品的供货商；

（4）EMC投资机构，是专注EMC项目投资的投资者或金融机构。

针对一个EMC项目，EMCo分别与项目业主签订节能产品替代和节能效益回报合同，与节能产品厂家签订购销合同，再以前两份合同为抵押与EMC投资机构签订融资合同，EMCo承担项目主要风险。项目实施成功，项目业主无须投资实现了节能降耗和技术升级，节能产品厂家扩大了销售，EMCo服务商和投资机构分享了节能收益，因此是利国利民的多赢性制度安排。

EMC项目融资债权债务关系比较特殊，EMCo作为融资负债方但不是项目业主。项目业主是节能工程的法定主体，但不需要任何投资，只要签一份合同，承诺给EMCo分享节能效益，就可以坐享其成。

22.小微金融

小微金融是主要面向小微企业、创业者、个体经营者和自由职业者提供小额贷款的基层金融服务机构。包括小贷公司、村镇银行和农村信用合作社等。

22.1小额贷款公司。小贷公司是由企业或个人发起并获得放贷业务许可，主要面向中小微企业式个体经营者提供小额贷款的专业机构。与银行相比，小贷公司不许吸收公众存款，经营资金主要为自有资金，不得跨区域经营，贷款额度有一定的限制。

小贷公司按照金融市场拾遗补阙的经营定位，主要面向客户群体是创业初期信用空白户、个体工商户、农村专业户。信贷产品主要有个人消费贷款、小微企业经营贷款、不动产抵押贷款、过桥贷款等。经营方式由单一放贷向综合服务发展，利用客户资源和小贷经验，开展投融资咨询、资金对接、居间担保、理财顾问等增值业务。

影响小贷公司发展的主要因素是筹资渠道和经营区域受限。2019年国务院发布《非存款类放贷组织条例（征求意见稿）》，对小贷公司资金来源、地域限制有一定放宽。有的省已经率先出台政策，小贷公司从商业银行融资允许突破资本净额50%的限制，可以通过债权转让、发债或资产证券化形式扩大资金来源。经营地域上，取得业务许可证、注册资本达到3亿元的小贷公司可在全市范围内经营，注册资本达到5亿元的可在全省范围内经营。

22.2村镇银行。村镇银行是银保监会批准和监管，由金融机构、企业法人或个人出资，在农村地区设立的主要为"三农"经济提供金融服务的银行业金融机构。市场定位是填补农村金融服务的空白，满足农村经营户的小额贷款需求，服务当地中小微企业。业务范围包括吸收存款、发放贷款及国内贸易结算、同业拆借、票据承兑与贴现、银行卡业务，代理发行兑付等基本银行业务。信贷产品一般有种植业、养殖业等农业生产贷款，农机具贷款，农业产前、产中、产后服务贷款，以及家庭消费类贷款。

村镇银行被形象地称为"草根银行""穷人的银行"，信贷支持的对象主要为弱势产业、弱势群体——农业和农民。2019年银保监会发布《关于推进村镇银行坚守定位 提升服务乡村振兴战略能力的通知》，重申村镇银行必须始终坚持"支农支小"的市场定位，扎根县域，专注信贷主业，有效提升金融服务乡村振兴的适配性和能力。

22.3农村信用社。农信社是由农村农户或个人集资联合组成，以信用互助为宗旨的金融合作组织。其业务范围包括吸收社员存款，发放种植、养殖业和农副产品加工短期贷款。特色贷款品种有：以农村家庭为单位农户小额贷款、针对农业经营户和小微企业一户多保贷款、农业技术和专业服务组织联户联保贷款等。随着县市级以及省级联社建立，资金实力壮大，信息化手段和风控能力提升，农信社信贷产品不断丰富，例如农户消费贷款、农林牧副渔和农村工商业短期贷款，以及农业机械、农村基础设施建设和中小工商业中长期贷款。

紧跟新农村建设和农业产业化步伐，农村信用社正在逐步向银行化、股份制进行蜕变。在中心城市和经济发达地区，农信社由集体所有制经过改制，建立了股份制农村合作银行或农业商业银行，有的已经实现上市融资，标志着农村金融体制改革与农业现代化的同步发展。

23.民间借贷

民间借贷是历史悠久、国内外普遍存在的人与人或自然人与法人之间的资金融通方式。在我国多层次资本市场尚不健全情况下，民间借贷既是创业融资的主要来源，也是小微企业解决短期应急资金需求的重要渠道。

民间借贷没有固定方式，融通载体可以是货币、实物或有价证券，资金用途没有严格限制，融资期限和回报完全由借贷双方商定，因此可以视为最初级资本市场。目前市场上常见的民间借贷方式有：

（1）亲友互助借贷，是出于亲情关系的家族成员、亲朋好友、同学、战友之间的现金借贷，很多为无息甚至无偿援助。

（2）企业间关系借贷，即按关系形式又分为同处一个产业链的上下游关系借贷，企业家圈子内惺惺相惜的关系借贷。

（3）经营型高利贷，是地下钱庄或打着理财、互助、合会等名义，实际从事高利贷经营的借贷活动。企业在面临资金链断裂或突发紧急支出时，被迫采取高利贷融资。

24.内源融资

内源融资是一切融资之母※。企业家创业资本大多来自内源融资，随着企业发展或市场环境不断变化，当企业遇到财务危机或需要重大投资时，还要不断进行内源融资。内源融资渠道主要有自筹资金和内部集资。

24.1自筹资金。 自筹资金通常是根据银行要求，按一定比例自筹部分资金，满足银行贷款条件。

企业自筹资金有两种方式：一种方式是股东追加投资或股东借款；第二种方式是挖掘内部资金潜力。资金来源包括：

（1）留存收益，企业可分配利润根据股东会决议不进行当期分配，而留存在企业的利润，包括任意盈余公积金和未分配利润两部分。

（2）法定公积，按《公司法》规定在税后利润中按一定比例提取，用于充实企业资本金的部分。

（3）资本公积，是公司实收资本超过注册资本，或资本溢价增值部分。

（4）固定资产折旧。固定资产按折旧率分期计入产品成本，并提存为专款专用的专项资金。

（5）无形资产摊销。企业知识产权、土地使用权等无形资产按规定计提摊销，类似折旧基金。

24.2内部集资。 内部集资即面向企业内部职工进行债权或股权众筹，募集所需资金的融资方式。债权众筹就是向职工借钱，或将欠发工资转为企业债务，按约定期限还本付息。股权众筹就是增资扩股，赋予职工股东身份。华为公司就是依靠内部集资解决了高速发展期资金补充的需要，集资办法是面向内部职工发行虚拟股份，并且间接利用银行杠杆，放大融资能力，等于为企业开了一间属于自己的银行。

国家政策并不禁止企业内部集资，关键是要依法合规。2015年最高人民法院关于审理民间借贷案件的司法解释对企业内部集资划出3条红线：

一是企业内部集资仅限于与企业建立劳动关系的在职职工；

二是内部集资的资金只许用于企业生产经营；

三是内部集资必须有明确债权债务法律关系。

以上3条法律红线必须同时具备方为合法，违反其中任何一条都可能涉嫌"非法吸收公众存款"，受到法律追究。

M2: 沙盘推演——找对融资门路

一、推演导则

实训目标：

帮助企业了解金融市场布局，金融供给侧产品和服务，熟悉金融机构准入条件，学会企业金融版图绘制和运用，拓宽企业融资门路，掌握融资渠道与金融产品的选择方法。

讲授知识点：

1.金融市场七板块构成，面向企业的融资渠道和金融产品；

2.金融机构目标市场选择方法，经营原则和市场准入范围；

3.企业生命周期与金融机构目标市场耦合关系，金融版图的绘制方法；

4.企业当前融资需求分析，融资约束条件，利用条件过滤，确定当前融资可用金融产品。

推演任务：

根据本企业工商注册信息和经营状况，确定企业当目前所处生命周期发展阶段和融资需求，绘制企业金融版图，进行条件过滤，制订融资方案。

推演套件：

沙盘推演分组桌牌图1-2

金融超市模拟图（沙盘盘面）图1-3

金融供给侧产品卡（主流市场）表1-2

金融供给侧产品卡（草根市场）表1-3

企业金融版图表1-4

现场组织：

1.沙盘游戏基于博弈论原理，博弈角色由实训导师作为金融机构，学员扮演企业，双方根据各自任务，通过攻防对垒完成推演过程。

2.沙盘设计为团体游戏，参训学员按盘面分组，每组6~8人。按照导师照管幅度，每场满员按6组40人安排为宜。

3.完成分组，每组视同一个公司，推选BOSS、CFO各名。BOSS负责本组推演组织与决策，自任或指定人为发言人；CFO负责财务核算，其他成员为公司股东。然后讨论确定本组队名、队呼，连同BOSS、CFO名字一起写在桌牌正面（如图1-2）。桌牌背面填写工商注册基本信息，包括企业名称、公司成立时间、实收资本、主营业务（最好为制造业）方向。

4.推演过程在BOSS主持下，按照流程规定任务和推演指引进行操作，操作完成由导师（和助理）查验对错，评判完成名次。

5.推演流程每个场次和主要节点均实行分组PK，奖项奖金由组织者确定，实训导师依竞赛规则决定奖罚。

6.以上现场组织方法，在之后各场单独推演时同样适用。

正面

负面

图1-2　金沙盘推演分组桌牌

图1-3　金融超市模拟图（沙盘盘面）

表1-2　　　　　　金融供给侧产品卡（主流市场）

流动资金贷款	固定资产贷款	并购贷款	信贷工厂贷款
先授信再贷款。想娶名门闺秀，先要备好聘礼哦	政府核准项目才能申请的"高大上"贷款	支持大鱼吃小鱼的贷款，你是大鱼吗	流水线式贷款，这是小微企业的菜
个金经营贷	票据融资	信用证融资	应收账款抵押贷款
个金贷款企业用，用无限责任换来银行零风险	银行承兑汇票属于准现金，买卖双方都能融资	信用证等于银行保证付款，融资工具一箩筐	有资产支持的融资，申请贷款先要取得单项授信
银行保理	供应链金融	IPO	上市再融资
银行帮您催收货款。关系这么铁，全靠信用好	把供应链上企业组成信用链，银行保理升级版	股票首次发行融资，一步跨入资本殿堂	上市就是摇钱树，需要钱就摇一摇，难怪令人眼馋
借壳上市	科创板上市	新三板挂牌	四板挂牌（OTC）
实际是买壳上市，难抵圈钱诱惑，只好绕道上市	股市新贵，要想登上高枝，先要找对风口	成长性企业增资通道，上市融资跳板	区域股票交易市场，准备起飞企业的融资渠道
产权交易融资	企业债	公司债	集合债/集合票据
把自有资产转让变现，纯属内部挖潜	国有大型企业"专属"定制，与中小微企业无缘	原属上市公司"专利"，现在说扩大到所有公司	集合目的是做大规模，总之得让中介机构有钱赚
私募债	双创债	天使投资	风险投资VC
高收益低评级"垃圾债"，引进我国至今水土不服	雷同公司债，"双创"热过程应运而生的公司债	为早期企业雪中送炭的投资，但需拿股权交换哟	面向初创期企业，用高风险换高回报的股权投资
私募股权PE	信托贷款	信托投资	集合信托
公司上市前临门一脚的投资，融资先要选好"脚"	受人之托代人理财，就是帮有钱人放贷	信托公司出面的直接股权投资，类似PE	为中小企业量身定制，可惜难得一见
经营租赁	融资租赁	政策性银行转贷款	政策支持贷款
专业公司式用自产设备放租营收的租赁业务	以融物代替融资，等于娶了个会赚钱的媳妇	政策性银行提供资金，通过中小银行对民企放贷	按照政策导向，由政府贴息或担保的优惠贷款
中小企业发展基金	新兴产业创投引导基金	科技成果转化引导基金	
支持成长性小微企业发展的政策引导母基金	投向战略型新兴产业和高新企业的母基金	投向高新技术领域科技成果转化项目的母基金	

表1-3　　　　　　　　　　金融供给侧产品卡（草根市场）

直销银行	网络小贷	P2P借贷	股权众筹
一行一门一店，各种业务均在线办理的新型银行	小贷公司网络放贷，人称有金融牌照的P2P	为借贷双方上网发布信息撮合成交的中介服务	利用网络进行股权众筹融资，有公募和私募之分
产品众筹	**互联网金融门户小贷**	**易货贸易**	**商业保理**
也叫回报众筹，有点儿预收账款的意思	门户网站面向屌丝开办的批发转零售贷款	基于网络以电子货币为媒的多边易货服务	专业应收账款融资、催账服务，但热衷反向保理
应收账款交易	**供应链融资**	**商业承兑汇票贴现**	**预收账款**
利用网络进行账款买卖变现的点对点融资服务	保理商与核心企业、银行三方合作对债权人放贷	买方出票、卖方贴现均可融资，信用成色见高低	先收款后交货，利用卖方市场的应付账款融资
电子货币融资	**现代典当**	**EMC项目融资**	**村镇银行**
通过发行电子储值卡取得的预收账款融资	面向小微企业提供抵押贷款、过桥资金的高利贷	将融物、融技和融资三合一的节能环保解决方案	限于农村特定区域和经营业务的社区银行
小贷公司	**信用合作**	**民间借贷**	**自筹资金**
限于城市特定区域和信用规模的"半导体"银行	面向合作社成员提供借贷资金的互助式信用	家族成员或亲戚朋友之间借贷的筹资方式	利用留存收益等内部挖掘进行资金筹措
内部集资			
企业内部职工集资，可视同债权或股权众筹			

表1-4　　　　　　　　　　企业金融版图

	种子期	初创期	成长期	成熟期	衰退期
信贷市场					
资本市场					
非银行金融市场					
政策性金融市场					
互联网金融市场					
商业信用市场					
民间资本市场					

二、推演流程

第一环节　金融超市产品上架

推演导语： 第一模块（M1）介绍了金融市场面向企业提供融资服务的有7大市场板块，24种融资渠道，56种主要产品。在这样一个纷繁复杂的市场上找到合适的金融产品，就要总括了解金融市场构成状况，熟悉每个市场板块功能，以及每个板块有哪些融资渠道和产品。图1-3所示金融超市，可以帮助大家直观了解金融市场全貌。

超市上方是信贷市场，包括面向大中型企业的标准信贷，面向小微企业的小额信贷，有资产支持的（大小企业都可以利用）票据融资、贸易融资四个渠道。

超市左侧为资本市场，包括证券市场场内上市融资、场外挂牌融资，股权投资基金和债券市场融资四个渠道。

超市右侧是为信贷市场、资本市场补套的非银行金融市场和政策性金融市场，非银行金融市场有信托投资和融资租赁两个渠道；政策性金融分为政策性银行转贷款和政策支持贷款。

超市下方包括互联网金融、商业信用和民间借贷3个板块，可概括为草根金融市场。这部分市场对企业没有门槛限制，没有详列融资渠道。

上述对市场板块和融资渠道的介绍，相当于金融超市分区和货架，货架上空空如也，金融产品尚未上架。表1-1列出56种金融产品，在金融超市用卡片表示，每种产品一张卡片（如表1-2），每张卡片有产品名称和一句话提示。要求根据提示把金融产品摆到超市货架上。

学员操作指引

◆ 操作任务：金融超市产品上架。

◆ 阅读金融产品卡片上的产品名称和一句话提示，分析该产品属于哪类市场板块和融资渠道，在盘面上对号入座，摆上货架。

◆ 提示：按照主流市场和辅助性市场两大部分划分，因辅助性金融市场没有准入门槛，产品分类比较粗略。

◆ 操作用时30分钟。

扫描二维码获取标准答案

第二环节　确定市场准入范围

推演导语：所谓市场准入，是指各类金融机构的大门是否对本企业开放，反过来就是你的企业是不是该金融机构的目标市场。实际上金融机构在官方文件和网站并不公开他们的准入范围，而是体现在内部规章和具体产品的审批条件上。例如银行内部评级AAA须为特大型企业，企业评级A以上方可安排授信，证券公司保荐新三板挂牌要求企业净利润2000万元以上，等等。企业找金融机构融资，一般不会当下拒绝，而是让你提交申请报告、财务报表、商业计划书等一大堆资料，反复审核下来，结果却没通过，连什么原因都不告诉你。这就等于蒙上企业的眼睛让他们在市场上瞎撞，不断碰壁试错，耗费大量精力和时间成本，四处求告没融到资金，反而可能被时间成本拖垮企业。

由此可见，搞懂金融机构的目标市场，就是给企业融资长上一双看穿迷雾的慧眼。那么怎样探知他们的不宣之秘呢？其实终极秘密就是金融机构的资金来源※，经营资金来自什么地方，不仅决定了金融机构的自我定位和目标市场选择，而且规定了他们的经营原则。然而面对千差万别、千家万户的各类企业，金融机构不可能像实体企业那样，选择哪类企业群体作为固定服务对象。唯一办法是运用信用评级原理，并借助企业生命周期理论，用种子期、初创期、成长期、成熟期和衰退期等5个阶段划分为标志，选择符合其经营原则的企业类型，确定其目标市场。

按照这个逻辑，只要知道各类金融机构的经营资金来源，就能洞悉他们的企业类型选择，于是可以得到金融机构目标市场概略表（如表1-5）。

表1-5 　　　　　　**金融机构目标市场概略**※

	种子期	初创期	成长期	成熟期	衰退期
商业银行					
信托投资					
股权基金					
投资银行					
融资租赁					

表上列出5类主要金融机构，资金来源和目标市场分别是：

——商业银行经营资金主要来自居民储蓄存款，而且属于高负债经营，风险承受能力最低，目标市场主要选择成熟期企业。但票据融资和贸易融资是有资产支持的信贷业务，所以将成长期企业也可以列入银行目标市场。在我国，小微企业贷款对于大中型银行属于政策性任务。

——信托公司经营资金主要来自银信合作和同业市场，目标市场与银行基本一致。

——股权基金主要来自投资机构和高净值群体，追求高收益也能承担高风险，目标市场涵盖种子期、初创期和成长期企业。

——投资银行主要指证券公司，作为资本中介主要职能是帮助企业从投资人那里融资。经营业务既包括保荐成长期企业IPO（首次公开募股），成熟期企业再融资，又包括帮助衰退期企业通过并购获得新生，因而成长期之后三阶段企业都是他们的目标市场。

——融资租赁的经营资金主要靠自有资金和同业市场拆借，只要企业现金流入大于租金支付就是他们的目标市场，准入范围类似投资银行。

明白金融市场准入道理，企业只要确定各自所处生命周期的发展阶段，就能知道各类金融机构对本企业的市场准入范围。第二环节任务：用两步骤操作确定金融市场对本企业准入范围。

学员操作指引

◆ 操作任务1：阅读金融超市盘面中心的企业生命周期5阶段状态描述（说明：各阶段状态描述给出2个条件，仅供沙盘推演使用，不是严格的发展阶段定义）。对照桌牌上工商注册信息，确定本企业所处发展阶段。操作完成由发言人报出，再进行下一步。

◆ 操作任务2：根据本企业所处发展阶段定位，在金融超市沙盘上用排除法拿下不属于本企业准入范围的产品，剩余部分即为金融机构对本企业准入范围（说明：鉴于企业发展阶段难以清晰界定，这步操作不评判对错，仅按5类金融机构目标市场解释加以勘误）。

◆ 操作用时30分钟。

扫描二维码获取标准答案

第三环节　绘制企业金融版图

推演导语： 企业金融版图是本企业在金融市场上的准入范围、可用融资渠道和产品的直观展示。版图面积越大，意味着企业可以运用的金融工具越多，融资渠道和产品越丰富。

金融版图对于企业有3个作用：一是摆脱融资盲目性，避免误打误撞，做到有的放矢，提高融资成功率；二是突破惯性思维，很多企业一说融资就是找银行，表上列明可供企业利用的金融工具和产品有很多，企业融资有多种选择和组合融资方法；三是发现差距，明确奋斗目标，激发企业拓宽融资渠道。所以每个梦想做大的企业，都应在墙上挂一张本企业金融版图。

通过第二环节操作，各组在金融超市盘面上明确了金融机构对本企业的准入范围。第三环节任务是根据在盘面上确定的金融机构对本企业准入范围，按照（表1-5）式样，绘制本企业金融版图。需要注意的是，表1-4与1-5略有不同。前者是按市场板块划分，而后者是按金融机构划分的。

学员操作指引

◆ 操作任务：绘制本企业金融版图。

◆ 第一步，将金融超市沙盘上的金融产品按其所属市场分类，以及对应的本企业发展阶段，在表1-3找到相应的栏目，将产品名称填写到该栏目内。

◆ 第二步，将填写产品的栏目圈画出来，围合区域即为本企业金融版图。草根金融市场没有准入门槛，因此可以包括在企业金融版图内。

◆ 操作用时30分钟。

扫描二维码获取标准答案

第四环节　筛选当前融资适用产品

推演导语： 企业金融版图所列产品，是企业融资可以利用的产品集合，少则二十几种，多达五六十种。但是企业融资一般是为了解决当前一项需求，由于内部条件约束和外部条件限制，真正可以派上用场的产品可能只有寥寥数种。这就需要根据当前融资需求，对版图内产品逐一进行条件过滤，最后筛选出来的产品，才是当前融资可作列入融资方案的产品。

正常生产经营企业的融资需求通常有6种用途（如表1-6）：采购原辅材料、偿还到期贷款、技术改造、支付职工工资、权益性投资、突发预算外开支。不同用途融资一般需要考虑合规性、成本性、时效性和规模性的要求，即产品选择的约束条件：

表1-6　　　　　　　　　　　**企业融资用途抽签卡**

采购原辅材料	偿还到期贷款	技术改造投资
支付职工工资	权益性投资	突发预算外开支

▲ 合规性是指资金用途是否存在政策限制，比如银行贷款不许用于权益投资；

▲成本性是指融资费用是否可承受，包括资金占用费用和运作费用；

▲时效性是指融资运作周期必需衔接现金支付需求；

▲规模性是指融资额度能否满足支出预算。

这一环节任务需要分两步完成。

学员操作指引

◆ 操作任务1：按照企业融资六种用途，各组自选（或抽签）确定当前融资需求。

◆ 操作任务2：根据确定的当前融资用途，分析各种资金限制条件，对版图内金融产品用合规性、成本性、时效性和规模性四个过滤条件逐个分析，用排除法进行条件过滤，剩余卡片即为当前融资可用的金融产品。

◆ 操作用时30分钟。本轮推演完成，进行全场小结评比。

扫描二维码获取标准答案

场景二
股权融资要诀

M1: 资本市场与股权融资

一、资本市场入门

资本市场也叫长期资金市场，包括股票市场、股权基金和债券市场。其中股票市场、股权基金提供长期资金，对于企业而言属于股权融资；债券市场提供1年期以上中长期资金，对于企业而言属于债务融资。

小微企业大多属于种子期、初创期民营企业，企业在这个阶段生产经营尚未上轨，正在努力开发市场，业务和现金流都不正常，营业收入不能覆盖成本，处于资本持续投入阶段。因此企业的资金需求（包括自有或外部融资）全部为长期资金，而长期资金只能通过资本市场直接融资解决。可是，资本市场从来没有开通小微企业融资的通道。

资本市场的典型特征是市场分层，每层市场遵从企业寿命周期理论，面向一种类型企业提供资本配置服务。我国自2003年提出建立多层次资本市场体系，经过近20年的发展，现已建成包括主板市场（也叫一板，含中小企业板、科创板），创业板市场（也叫二板），三板市场（俗称"新三板"），四板市场（区域股权交易市场，俗称OTC或柜台市场）的四层资本市场体系。

如图2-1所示，每层市场均有一定的准入标准，其中主板和创业板实行核准制（科创板为特例），有严格的政策门槛。新三板和四板虽然没有政策门槛，但因券商和市场管理机构各自利益诉求，仍存在一个小微企业难以逾越的市场门槛。

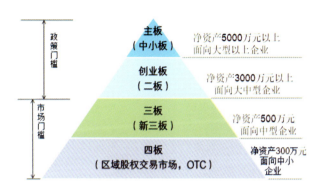

图2-1　多层次资本市场示意

四板被证监会定义为资本市场基础层，没有规定统一的准入标准，而是由地方主管部门和会员制自律机构自行制定，一般要求企业净资产300万元以上。按照工信部企业划型分类标准，工业企业营业收入300万元以下为微型企业，300万~2000万元为小型企业。按四板市场净资产要求，等于把小微企业全部排除在多层次资本市场之外※。

由于资本市场融资渠道不畅，加上小微、民营企业缺乏资本结构观念，企业家创业之初所筹资金全部用在购土地、建厂房、买设备上，根本没有铺底流动资金。项目建成投产时已经没钱，买材料、开工资都要东挪西借来解决。由此造成我国民营企业流动负债率长期居高不下，自2000年国家统计局将民营企业纳入统计以来，民营工业企业流动负债率一直高居80%以上※，为全球之最，超过正常值30多个百分点。2005年最高达88.5%，之后虽有缓慢下降，2017年仍然高达82.2%。

由此可见，现有资本市场没有发挥为小微企业配置资金的作用，这是造成小微企业资本结构扭曲、流动负债率畸高、资本金先天不足、后天融资能力低下、企业资金链极度脆弱、寿命周期超短等一系列问题的深层次原因。这个问题不解决，小微企业融资难问题将永远无解※！

这个结论同时证明，解决小微企业融资难问题的关键在于资本市场。为此必须加快构建定向为小微企业直接融资服务的五板市场，在股权公募基础上，引入天使投资原理，一举解决投融资双方互不见面和准入门槛过高问题，并实行股债自由转换，切实打通小微企业中长期资金融资渠道。

我们早于2016年完成五板市场课题调研和可行性研究，并向主管部门提交了专题报告，但如石沉大海，至今未见任何回应。在五板市场没有建立之前，股权众筹和天使投资仍是初创期企业融资的主要渠道。

二、股权众筹路线图

众筹成功三要素

股权众筹是由创业者提出项目并发起众筹，通过股权众筹网络平台进行项目展示，吸引网民参与投资，从而募集创业资本的融资方式。也是小微企业进行股权融资的重要渠道。

股权众筹属于股权融资，与股权投资基金一样，优质项目、优秀团队是项目评价的两大关键因素。但是由于网络众筹的投资人大多为职场白领、普通网民，一般不具有项目评价的专业能力。加上投融资双方互不见面，无法直接了解众筹发起人的综合素质。于是很多人认为项目好坏和团队素质不再是决定因素，融资成败全看网络推广能力，造势效果。网上鼓吹的融资成功五要素、八要素，都是造势技巧，不足为信。

这显然是浅薄浮躁之见，也是我国网络众筹大起大落的原因。从投资逻辑上说，众筹成功不是看筹了多少钱，更要看项目开发成效，按照招募承诺搞好企业，让投资者赚到钱才是众筹成功的根本标志。所以众筹平台既要帮项目方融资，还要帮投资人把关。像证券交易所对上市公司把关那样，本着为投资人负责的原则，把好众筹项目和团队质量两道关，否则就是自毁前程。这是美国Angel List成功经验和国内失败平台共同证明的。

在确保项目和团队优质基础上，鉴于网络众筹特点，项目展示需要注意与专业投资路演的不同，展示方法要根据普通网民的认知能力，使用深入浅出、生动形象的语言，将项目和团队优势呈现出来，用成功案例、市场风口展现投资前景。所以股权众筹成功要素在优质项目、优秀团队基础上，应增加一项要素，那就是优异呈现。

选好众筹平台

众筹项目呈现既然是融资成功的一大要素，那么选择合作开展股权众筹的网络平台就显得十分重要。

股权众筹是股权投资领域的新秀，2011年开始引入我国。按照固有定义，监管部门起初是按私募股权进行管理，规定股权众筹必须采取定向私募方式，募集对象须为众筹平台核实的合格实名注册用户，且不得向网民进行公开宣传、推介或劝导投资，投资者累计不得超过200人，等等。这些规定显然与互联网开放、平等的现实不符。2012年，美国乔布斯（JBOS）法案打破了小企业股权私募禁锢，首开股权公募众筹的先河。于是国内互联网要求改革募集方式，放宽网络众筹限制的呼声不断高涨。

2015年，根据人民银行等部门发布的《关于促进互联网金融健康发展的指导意见》，证监会发出《关于对通过互联网开展股权融资活动的机构进行专项检查的通知》，明确将股权众筹定义为"通过互联网形式进行公开小额股权融资的活动。具体而言，是指创新创业者或小微企业通过股权众筹中介机构互联网平台（互联网网站或其他类似的电子媒介）公开募集股本的活动"。这个定义明确界定了两个概念：

第一，首次承认股权众筹平台是通过互联网进行公开小额股权融资的中介机构。

第二，首次提出股权众筹是通过互联网进行公开小额股权融资的活动。突破固有的"非公开"私募概念，承认了基于互联网进行公募股权众筹的合法性。

这是顺应时代特征和业界期待的观念更新与政策进步，但在政策落实上又现迟疑，规定股权公募众筹只限于在取得资格认定的单位进行试点，至于资格认定标准迄今讳莫如深。这样一来，目前国内市场就出现了两类众筹平台：

一类是官方批准的公募股权众筹平台。截至目前，获得证监会资格认证的3家试点单位分别是阿里巴巴旗下蚂蚁金服、平安系前海普惠众筹和京东众筹。然而由于网络股权众筹有违早期投资原理，投融资双方互不见面，无法评判众筹发起人的品行和能力。加上众筹项目成功率较低，著名众筹案例频频踢爆诚信问题，市场信心受挫。3家平台顾忌监管风险，对股权众筹转趋谨慎，目前一般只受理类似回报众筹的所谓产品众筹项目。

另一类是尚未获得官方批准的私募股权众筹平台。证监会批准3家试点单位后，迄今没有明确公募股权众筹认证标准。所以未获得官方认可而事实存在的众筹平台，仍需按照互联网非公开股权融资概念进行私募。

创业者或小微企业选择众筹平台，首先要区分公募还是私募。公募众筹可以在媒体上进行公开宣传和劝募，投资者须拥有一定的金融资产或最低投资限额（即所谓"合格投资者限制"），投资于众筹项目的人数不限于200人。不具备这3条就是私募众筹，属于互联网金融整治范围，存在一定的合法性风险。其次要根据自身融资需求选择平台。如果筹资额度不大（50万元~300万元），可以选择运作规范、市场运作能力比较强的私募平台。如果筹资额度较大，投资者人数无法控制在200人以内，应首选公募平台，或选择有股权基金管理人配合运作的私募平台，以免发生违规操作。

众筹平台选择要特别注重平台的公信力，主要是看互联网金融整治是否过关，2016年证监会等15个部门联合公布《股权众筹风险专项整治工作实施方案》将8类融资活动列为互联网金融整治重点，包括以股权众筹名义从事投融资业务，或募集股权投资基金，在平台上擅自公开或者变相公开发行股票，采取虚构或夸大平台实力、虚报众筹项目信息和回报条件等手段忽悠投资人，欺诈发行股票和销售金融产品，平台及其工作人员挪用或占用投资者资金，平台与房地产商或中介打着股权众筹旗号非法集资，平台串通证券公司、基金公司和期货公司等持牌金融机构违规集资和推销业务等。企业选择平台时必须关注其是否受到查处和通过整治验收，远离不靠谱的平台。

除此之外，还要关注众筹平台的项目评价专业能力、包装展示能力以及融前融后服务能力。这些能力可以通过平台既往承办过的项目及其效果进行考察，并在洽谈合作过程中加以验证。

做好众筹准备

股权众筹过程是由众筹项目发起人、网络众筹平台和投资者三方参与的资本募集活动。众筹活动首先要符合监管法规，并与众筹平台有效合作，做好各项准备工作：

1.确定众筹主体。众筹主体即众筹项目发起人，既要承担投资者对众筹项目投入资金的管理（或负债）责任，还要向投资者承诺一定的股份或产品回报。为了明晰产权、落实责任、让投资人感觉踏实，众筹项目的主体最好是公司制企业法人。自然人或合伙企业、非法人单位一般不宜作为众筹发起和发行主体。

2.制作募集文件。募集文件一般包括发起众筹书面申请、商业计划书（Business Plan，BP）、路演PPT，核心文件是商业计划书。发起人无论是企业法人或其他机构，均需制作商业计划书，全面展示募投项目信息，包括项目来源和经营方式。若为重资产项目需提供备案手续，规定前置审批的需提供批准文件，项目设计文件。商业计划书内容包括项目创意或技术方案、目标市场和竞争分析、商业与盈利模式、营收预测和财务评价、公司战略目标与发展规划、筹资总额、资金使用计划及投资回报等。路演PPT是商业计划书的浓缩版，应涵盖计划书陈述要点和交易条件。

3.制定众筹融资计划。融资计划一般包括三方面内容：

（1）筹资额与股权安排。如果众筹目的是募集创业资本，应先确定注册资本总额，一般要求创业者（及其团队）自筹资金不低于20%。如果众筹目的是补充资本金，需进行公司估值定价，计算增资扩股指标，确定出让股权比例和筹资目标。同时拟定筹资目标上下限，一般约定上限为筹资封口额度，下限为众筹成功标准。

（2）众筹期限。众筹期限一般为项目商业计划书上线发布之日起2个月。如果提前达到筹资目标，即可终止募集；如果到期未能完成融资目标，应事先做出是否延长众筹期限，或众筹失败的处理预案。

（3）领投人和跟投人的要求。众筹发起人从防范风险和提升自身形象出发，可以对领投人和跟投人提出一定的要求。例如，为限制股东人数，规定最低投资限额；为保护商业机密或企业控制权，排斥某一行业和背景的投资者参与；为吸引人才和打造团队，要求领投人、投资者具备特定专业资质，任职资历等。

4.投资回报和权益保障。按照增资扩股指标，确定股权占比或每股价格，股份种类（普通股／优先股），是否显名股东、行权安排、风险提示和防范措施、投资退出和安全保障机制。

上述准备工作在与众筹平台接触前就要开始动手，或找专业人士咨询，做到心中有数，以便与众筹平台顺畅沟通，协商确定众筹方案。然后与众筹平台达成合作协议，在平台指导下合作完成各项准备工作。

众筹流程九步走

众筹项目发起人与众筹平台就众筹方案、合作条件初步达成一致后，接下来将以众筹平台为主组织方案的组织实施，并在发起人的协同配合下，分9个步骤完成众筹操作：

· 项目审核受理。众筹平台接受众筹发起人申请，审核确认发起人主体资格、募投项目概况、众筹目标与计划等基本信息，符合条件的确定受理。

· 发起人约谈／项目启动。平台确定受理后，安排项目负责人会见众筹发起人，核实发起人主体资格，创始人和创业团队综合素质、公司治理、财务状况等基本信息，以及众筹项目背景、技术层次、商业模式等市场关注信息。从而评估、细化众筹方案，正式签订委托协议，启动众筹准备工作，辅导发起人进行项目包装、制作商业计划书、路演PPT等募集文件。

• 确定领投人。领投人是具备产业或投资专家资质，能够协助众筹平台进行项目评估、投后管理，并率先投资众筹项目的投资者。领投人的资历、信誉和影响力对众筹成功具有关键作用，在众筹前（投前）作为业内专家发挥GP（General Partner，管理人）作用，在众筹中（投中）带头认购扮演LP（Limited Partner，投资人）角色，在众筹后（投后）参与投后管理又兼具基金经理身份。可见领投人遴选十分重要，人选确定一般由平台推荐，征得发起人同意，也可以是发起人邀请，由平台确认。

• 邀约跟投人。跟投人是应邀参与众筹项目，跟进领投人的投资者，邀约人数和质量主要看平台资源。跟投人是众筹成功的基础，但他们大多不属于理性投资者，响应程度主要看项目路演效果、领投人点评、现场气氛的营造。从邀约跟投人到项目揭幕认购，是众筹活动的核心环节。

• 签订投资意向书。在众筹活动中确认投资意向的，由众筹发起人与投资者在众筹平台见证下签订投资意向书（Term Sheet），原则约定投融资交易核心要件和控制条款，以固定投资者，进行众筹效果摸底。

• 设立有限合伙企业。经过众筹摸底，如果投资者人数超过《公司法》规定的股东人数限制，需要对投资人数进行合规化处理，处理方式一般是将募集资金打包成立一个有限合伙企业，以该企业名义对众筹项目投资，并作为单一股东，代表全体投资者行使权利。另一种处理方法是由领投人与跟投人签订代持协议，由领投人出任股东并承担管理责任。

• 签订正式投资协议书。在众筹平台的主持下，发起人与投资者正式签订投资协议书。投资协议书是投融资交易的核心文件，具体规定了股权交易双方的责任、权利和义务，有的还引入了对赌条款。

• 签署股权法律文件。通常作为投资协议书的成套文件同时签署。众筹发起人是企业法人，众筹目的是增资扩股的，需由新老股东通过股东会决议，进行工商注册变更登记。众筹发起人是自然人，众筹目的是筹措创业资本的，由发起人和投资者签订公司章程，然后办理工商注册登记。

·汇集和解付投资款。完成上述步骤，投资者按投资协议书约定的时间和方式，向众筹平台指定的托管账户（或专用账户）支付投资款。众筹平台成功完成募集后，向众筹发起人解付众筹资金。

三、天使投资面面观

天使投资是面向萌芽期小微企业，为具有专门技术或独特概念的原创项目提供种子资金的风险投资。与商业银行的锦上添花相比，天使投资对于渴望融资却求告无门的早期企业，简直就是雪中送炭，因而获得"天使投资"美誉。

但是天使投资并非救苦救难的慈善天使，而是以高风险换取高回报的投资活动。同时由于天使投资人专业背景、投资偏好和评判标准各不相同，能否获得天使投资青睐，除了项目和团队素质过硬，还要与投资人个性特征对上号，做到知己知彼。

股权投资市场三剑客

天使投资（Angel Investment）与风险投资（VC）、私募股权投资（PE）被称为股权投资三剑客，都是面向未上市企业进行直接股权投资的权益资本。但存在3点不同。

一是资金来源不同。天使投资的资金来源主要是天使投资人自我财富积累，是用自己的钱进行投资。资金盘子不是很大，投资决策十分谨慎，大多选择熟悉的行业和身边人投资。投资策略注重分散投资和组合投资，投资规模一般为50万~300万元。VC、PE的资金主要来自机构投资者和高净值人群，有的还包括一定比例的政府引导资金。采取定向私募方式进行筹集，基金规模少则数亿元，多则数十成百亿元，单个项目投资可达数千万元或上亿元，适合投资中小型和规模较大的企业。

二是投资对应企业发展阶段不同。按照企业生命周期理论，企业发展分为种子期、初创期、成长期、成熟期、衰退期5个阶段。投资于企业的发展阶段越早，不可预测性风险越大。天使投资人大多为某一产业领域的专家，在该领域取得成功，同时对投资该行业具有信心。所以主要投资于特定行业种子期、初创期小微企业。VC又称创业投资，投资方向比较固定，依托产业专家，主要投资于初创期至成长期过渡段企业，在资本市场分层上较多关注四板到新三板挂牌企业。PE投资能力比较强，主要投资于成长期并有上市计划的企业，对公司上市发挥助推火箭作用。在资本市场分层上重点关注新三板向科创板、创业板过渡阶段企业。

三是管理机制不同。天使投资人大多属于投资专业户，偏好各自为战，独立投资决策和承担风险。目前虽有天使投资人俱乐部、协会、同盟等机构出现，均属同业自律组织，或进行交流互动、信息共享平台，很少有集合投资案例。VC、PE属于证监会监管范围，大多采取有限合伙制，组织管理和投资决策比较规范。

以上3类股权投资，按目标市场选择分别投资于种子期、初创期和成长期企业。从被投资企业角度，按其发展过程不同阶段的融资需求和次数、习惯称为A轮、B轮和C轮融资。

实际上，对于各轮投资相对企业状态和投资额，业内并没有公认的划分标准。为了适应早期企业发展状态的复杂性，在A、B、C轮之前加了天使轮（如表2-1）。由于不同产品从天使轮到完成市场验证的A轮融资所需周期差异较大，在天使轮至A轮之间又插入一个PreA（早于A）轮。总之，所谓A、B、C轮融资至今还是个模糊概念，本次融资算是哪一轮，往往是由上一轮定义的。

表2-1

A、B、C轮投资特征

	企业发展阶段	投资机构	投资额
天使轮	种子期	天使投资人	50万~200万元
A 轮	种子期、初创期	天使投资人 / VC	200万~1000万元
B轮	初创期、成长期	VC / PE	1000万~3000万元
C轮	成长期	PE / 战略投资者	3000万元以上

读懂天使投资人

天使投资主要投资于种子期和初创期企业。在这个阶段，企业不具备项目可行性研究所需的财务信息、市场数据和经济技术资料，甚至只有一个创意、一个方案或实验样品，无法运用专业方法进行项目评价与投资决策。而是凭借天使投资人在该产业领域的专业知识、从业资历感知项目，依靠投资人敏锐的市场预见能力、发现人才的独特眼光，以及承担风险的胆识，进行项目选择和投资决策。投资项目一旦成功，天使投资人就可以获得数十成百倍的收益回报和长期资本增值。

根据美欧等国天使投资市场资料，以及我国涌现出来的天使投资人成功经验和案例分析，天使投资人应具备两大特征※：

第一，天使投资人应为专业领域的成功人士。天使投资人通常专注于某一专业方向，而他本人首先是这一领域的专家，具有长期从业资历，担任高阶管理或技术职务，熟知该行业的发展历史和未来前景，并具备较强的投资能力和投资意识。美国一项统计显示，天使投资人的本专业从业资历平均达15年以上，年龄介于46~70岁。

第二，天使投资人一般投资于身边熟悉的人。早期项目评估不是依靠技术经济分析，而是坚持"投资就是投人"的基本理念，主要依据创业者的综合素质，包括专业背景、过往业绩、意志品质，特别是对项目的驾驭能力进行评判，来决定项目取舍。因此天使投资人应具备发现人才、识别人才的眼光，以及提携和培养人才的能力。由于发现人才的范围有限，辨识人才需要时间，天使投资对象往往是身边熟悉的人，如果是经人介绍，也要"混"到熟悉程度才能决定投资。

有个比喻生动概括了天使投资人的投资逻辑，首先判断林子里有没有兔子（创业项目所属行业有没有钱赚），然后还要找到会打兔子的人（能够做好项目的人）。意思是说，只有两者必须同时具备，才是合格的天使投资人。

天使投资决策"三板斧"

天使投资人基于"人投人"原理，将选项与选人高度统一起来投资进行决策，可以归纳为优质项目、优秀人才，项目与人才优化组合的"三优"投资标准。

1.项目评价方法

项目评价首先要求题材一流，有足够大的市场成长和盈利想象空间。项目评价按照五大要素条件，采取剥洋葱方式，逐层加以分析过滤，任何一项条件不达标均可能遭到否决。

（1）产业政策对标，国家产业政策将产业项目分为鼓励类、限制类和淘汰类。创业项目必须属于国家产业政策导向、外商投资指导目录鼓励类名单，而且还要符合地方政府招商引资政策，否则不投。例如我国产业政策大力推动先进制造业发展，计算机、通信和电气设备制造均属于先进制造业范畴。但在北京市，由于这类企业需要较大的电气能源、土地与公共资源消耗，不符合北京环境治理和产业结构调整政策，2017年将这些行业均列入禁止或限制类范围。

（2）产品入市阶段，不仅要求创业项目属于新兴产业，而且要求创新产品在细分市场处于启动或早期阶段，已经进入上升后期或成熟阶段的项目不投。例如近年VR/AR投资大热，投资额连续3年呈现倍增。投资大多集中于VR和AR游戏、娱乐行业，因而天使投资人对这方面投入转趋谨慎。

（3）技术层次与知识产权，项目科技含量高低、是否原创技术以及知识产权归属和保护措施，决定项目的市场地位。不具有技术掌控优势的项目不投。例如特许经营、代工项目，即使产品风头再劲，也难入天使投资人法眼。

（4）市场需求弹性，创业项目目标市场足够大，产品需求具有较强刚性，或具有可发掘关联性需求刚性。对于需求弹性大、靠规模优势占领市场的项目不投。例如汽车制造、房地产开发等项目投资门槛过高，不适合天使投资。

（5）退出节点和终点，根据项目特点和成长预测，能够在之后各轮融资节点或上市终点上找到退出通道。难以找到接力投资者的项目不投。

2.项目创始人评价

天使投资人奉行以人为中心的投资理念，基于对创业者的近距离考察和识人辨才能力，针对影响其能力发挥的5个品质条件，采取正面和侧面了解的方法进行评价打分，汇总分数达到优秀标准方可进入下一步程序。

（1）创业目的。创业目的决定思维模式，所以必须洞悉创业者想要的究竟是什么。如果出发点是创新一个产品，或成就一项事业，就会站高望远，忘我奉献；如果单纯为了赚钱，则难免一叶障目，甚至投机钻营，误入歧途。

（2）战略定力。项目方案既定，就要锲而不舍、攻坚克难、敢打必胜。如果缺乏定力，赶浪潮、随大流，见异思迁，项目难免半途而废。

（3）自身投入。包括创业者个人财力、知识产权、时间和精力对本项目的投入。如果投入毫无保留，表明创业者对项目信心十足，并愿意与投资者共担风险。反之，则难免有钓鱼之嫌。

（4）团队结构。创始人本身具有较强的个人魅力、识人用人能力和组织领导能力，项目所需技术骨干齐备，团队核心成员专业互补，同心勠力，形成创业合力。

（5）学习和沟通能力。创业者能够虚心向学，与时俱进，从善如流，用成功人士的经验补充自己的短板。而不是妄自尊大，固执己见，不撞南墙不回头。

3.项目与创业者优化组合

在项目评价和创业者评价均属优良的基础上，最终的投资决策还要从项目与人才的结合上，按照项目对创业者的专业要求、市场要求、资本要求3个维度，确认创业者是否具有成功运营该项目所必需的综合素质和管理能力。

项目的专业要求是必须懂行，要求创业者学历背景、从业经历，具备对该项目技术和专业特点、运行规律的深邃理解和把握。

项目的市场要求是善于经营，要求创业者深刻了解项目运营所需的内部条件和外部环境、同类项目成功或失败案例，谙熟项目管理与盈利模式，具有清晰的市场推广与营销组织计划。

项目的资本要求是符合投资人成长性预期。包括项目市场、营收、盈利等年度成长指标以及阶段成长目标，既要积极又要靠谱，符合投资人期望，配合投资退出节拍。并按照承诺目标设定对赌条件，鞭策创业者确保目标实现。

天使投资需要双向选择

天使投资与VC、PE的显著不同，体现在投资就是投人的原则。所以天使投资人与创业者相互结合，类似找对象的双向选择，必须"门当户对"，还需要一定的缘分。

上述天使投资决策方法介绍了天使投资人怎样选择项目和创业者，那么创业者怎样寻找和选择天使投资人呢？有主动寻找和被动寻找两种方法。

主动寻找常见方法是通过朋友引荐登门拜访，或访问机构网站、向投资者邮箱投递商业计划书，关注投资者微博或跟帖引起关注，设法进入投资者微信朋友圈建立联系等。但这些方法一般效果欠佳，投资机构每天收到大量商业计划书之类的文书，由于专业方向、投资偏好、文档质量等各种因素，引起关注和研读的概率较低。

所谓被动寻找，是利用财经公关方法吸引投资者的关注。实际上，好项目在资本市场上永远是稀缺资源，天使投资人也在孜孜不倦地寻觅项目。但寻找方法不是在写字楼守株待兔，而是在人才和项目集中展示，便于比较和优选，在百里挑一的场所主动出击。所以采取"被寻找"策略，通过财经公关，提高媒体曝光度，引起投资人的注意，也许比主动寻找的效果更好。

· 积极参加"双创"和路演活动。各级政府和专业机构围绕"大众创业，万众创新"举办的各种论坛、沙龙和宣传活动，以及创业项目融资路演专场，都是天使投资人云集的场所。创业者积极参加这些活动，可以争取机会介绍各自项目，或与投资者面对面交流，引起关注或建立联系方式。

· 在网络和各种媒体上曝光。一方面利用网络主流媒体"双创"栏目和专业网站，报道自己的创业项目或相关新闻，有条件的还可以在传统媒体上策划新闻报道；另一方面利用企业官方网站、微博微信等自媒体，进行项目推广。

· 将自己的产品推送到免费推广渠道。结合"双创"活动，有些网络平台的特色频道或专业网站开辟了免费推广窗口，如"腾讯创业"、创业邦旗下新产品分享交流平台DEMO8等，创业者可以利用免费推广渠道，推广宣传自己的产品，用特色产品推广创业项目，引起投资者的兴趣。

· 把创业项目或公司信息上传到网络众筹平台。例如列入股权公募众筹试点的阿里、京东和苏宁金融，以及有影响力的股权私募平台。线下融资平台可以在四板市场、产权交易市场挂牌。通过这些融资平台，使自己的项目和公司被更多投资者了解和关注。

· 入驻孵化器或众创空间。官方举办的高新技术企业孵化器，支持创新创业的"众创空间"，可以提供费用优惠的创业场地和办公条件，经常组织各类金融机构进驻，经常举办路演、沙龙等资本对接活动。创业项目入驻可直接接触天使投资人或创业投资机构。

天使轮投融资双方结合既然如同"婚姻大事"，那么天使投资人就是初婚对象，对项目走向和发展前景具有决定性影响。因为合格的天使投资人带给创业者的不光是资金，还有金融市场知识和资本运作方法，是引导创业者进入资本市场的第一任导师。例如马云、刘强东等成功人士，他们的学历背景与金融毫不搭界，然而正是从第一个投资者那里学到了与资本共舞的本领，才走上成功之路。此外，天使投资人也许还能给企业带来经营管理经验，以及人脉和市场资源，帮助企业少走弯路，尽快走上健康发展轨道。所以有人说"投资诚可贵，天使价更高"，创业者寻求天使投资不光要"向钱看"，还要看投资人是否符合天使标准。

然而，由于我国实行市场经济未久，具备资历条件的合格天使投资人非常有限，加上社会诚信体系建设滞后，风险投资市场发育不健全，社会上鱼龙混杂，真伪难辨。因而创业者考虑融资前最好恶补一点儿金融投资知识，睁大眼睛，谨慎选择，防止误入歧途。

一是不可急于求成。很多创业者眼看资金即将耗尽，面临资金链断裂才去找天使投资，很可能导致饥不择食，不是贱卖股份，就是明珠暗投。为防止这种状况发生，就要未雨绸缪，在账面资金低于18个月开支时就要制订融资预案，低于12个月就要正式启动融资。如果已经出现财务危机，最好采取股债结合等多种融资渠道。

二是合理掌握融资节奏。一个项目从起步创业到发展成功，一般需要数轮融资，犹如接力赛跑，天使投资是起跑第一棒。合理的融资额度是从现在出发到下一个成长节点所需投资的缺口。融资额度不足可能造成资金链断裂，项目夭折。融资超过合理额度，一次稀释股权过多，可能削弱创始人控制权，或影响下次融资能力。

三是防范不靠谱的"天使"。现阶段我国天使投资人良莠不齐，创业者寻求天使投资，应利用前述天使投资人两大特征，研判投资人资质、实力，询问过往案例，以了解其投资能力和专业水平，谨慎甄别，远离不靠谱"天使"。在投资谈判过程中，要警惕贪婪型天使，防止对方利用企业财务或投资知识弱点狮子大张口，或利用对赌条款占便宜；预防教父式天使，对于投资人以大咖自居，颐指气使，在投资协议中明确规定权责边界，防止动作越位，过度介入经营管理；拒绝拼缝式天使，名为天使投资人，实际是资本市场的捎客，为基金公司揽客，从中获取佣金。这种假天使对企业的最大危害是延误融资时机，增加交易成本；防范猎手式天使，即打着天使的幌子，充当幕后资本的探子或猎手，目的是发现高新技术项目或潜在竞争者，通过战略投资，控制或消灭竞争对手。识别这种投资者的方法：一是看资本背景，二是看要求持股比例多少，要求控股的肯定不是财务投资。

四、早期企业估值方法

企业估值定价是股权融资的前提条件。估值定价方法分相对估值法和绝对估值法，采用经验公式或数学模型，计算估值定价结果。

然而早期企业——包括处于种子期和初创期阶段，尚未逃离"死亡谷"的企业，成立和开业时间一般不到3年，营业收入和现金流很不稳定，会计制度不健全，数据不充分，无法利用统计分析方法进行估值定价。在这种情况下，企业通过股权众筹或天使投资进行融资，只能凭借专家的经验，采取因素分析、专家打分等方法，寻求一个估值定价参考值，先估算总价值，再计算每股单价。市场上流传的天使投资人估值方法有10多种，这里介绍4种比较实用的估值方法。

1.博克斯估值法

博克斯法是美国人博克斯首创的早期企业估值方法。其方法论基础其实就是天使投资人经验，同时采取了逻辑判断方法：第一，早期企业无法利用充分数据研判其价值，在创业项目令人心动的前提下，主要依据创业者及其团队成员的品质和能力进行估值；第二，企业发展要素条件应与项目令人心动相互印证，要素分析与评估主要依靠投资者经验判断；第三，市场上各种估值方法优劣互现，必须结合运用，取长补短，寻求投融资双方可以接受的评估值。

博克斯法的估值模式，是依据案例分析，列出企业发展的5大要素条件，直接给出要素价格：

- 一个好的创意100万元。

- 一个好的盈利模式100万元。

- 优秀的管理团队100万~200万元。

- 优秀的董事会100万元。

- 巨大的产品前景100万元。

以上各项要素价格为评估满分最高价。实际操作是针对一个企业的实际情况，对照要素条件逐项考评，权衡每项要素的满意度确定出价，一般只减不加。然后结合其他评估方法确定取值。

博克斯法五项要素价格合计为500万~600万元，其中"优秀的管理团队"赋值最高，加上"优秀的董事会"因素，合计达200万~300万元，占总估值的一半以上，可见人的因素的权重最高，进一步印证了天使投资的"人投人"投资理念。

2. 共识估值法

共识估值法也叫"风险投资前评估法"，是投融资双方出现估值僵局的变通处理方法。在天使投资人看好企业的项目前景、投资意愿确定，但估值水平与企业心理价位差异较大且无法取得一致的情况下，投融资双方先商定一个回报率引进投资，估值定价留待企业下一轮投资时，利用风险投资基金的公司估值，反推上一轮天使投资人估值和股权占比。

这种估值方法反映了天使投资人与风险投资机构对企业的一致评价，因而称为共识估值法。该方法的科学性在于，企业在两轮投资之间，发展趋势逐步明晰，财会制度得以健全，积累了足够的市场和财务数据，具备了风险投资者对公司估值的条件，估值结果对三方都有说服力。所以是一种避免估值僵局，求同存异的处理方法。

举例说明其操作方法：假设天使投资人对A公司初始估值为400万元，投资100万元，要求股份占比20%。但A公司坚持估值800万元，双方无法达成一致，于是商定天使投资人100万元投资不变，至下一轮融资时利用共识估值法推算天使投资的股份占比。同时约定在此期间公司业绩考核标准为净资产收益率的50%。两年后，A公司进行第二轮融资，风险投资机构对公司估值为2000万元。按此估值反算天使轮投资的估值水平是880万元，[2000÷(1+0.5)^2＝888（万元）]，股份占比应为10.2%，[100÷（880+100）]。这个估值与企业当初估值相近，而天使投资人看到企业发展符合预期，可以欣然接受。

3.风投专家评估法

风险投资专家评估法是利用投融资双方对企业发展预期，推算企业未来价值，再用公司价值和投资者期望回报率两个"终值"，直接计算天使投资人股权占比。操作方法仍以A公司为例说明：

第一步，投资者与企业共同估算企业未来一个时点上可以达到的估值水平。比如投融资双方预估A公司当年价值800万元，第3年估值达到2400万元，增长3倍。

第二步，确定投资者期望的投资回报率，并计算投资终值。按投资100万元，内部收益率50%计算，3年后终值为338万元[100×（1+0.5)^3＝337.5（万元）]。

第三步，用投资终值除以企业3年后预估价值即为投资者股份占比。按两个终值计算（338/2400）投资者股份占比为14.1%。

这种方法简单直观，其中包含了"对赌"因素。如果企业与投资者对于未来估值差异较大，应由双方协商确定，或结合共识估值法进行处理。

4.风险因素汇总估值法

风险因素汇总估算法着眼于投资风险，从投资者角度列出企业发展过程中内外部条件变化的12种风险因素，风险程度分为+2、+1、 0、−1、−2五个等级，每个因素赋值25万元。然后针对企业实际情况，逐项进行评价打分，分数越高表明风险越低。最后用加总分数乘以25万元，即为估值总额。

例如天使投资人对A公司各项风险因素评价得分如下：

· 企业所处发展阶段，存在初创期风险，+1分；

· 管理风险，团队组成和能力优良，+2分；

· 政治和产业政策风险，属于国家产业政策鼓励类项目，+2分；

· 生产风险，采取代工生产方式，风险极低，+2分；

· 市场风险，试销反馈良好，营销体系已构建完成，+2分；

· 技术风险，技术门槛不高，产权保护困难，+1分；

· 融资风险，实收资本较少，融资能力较弱，−1分；

· 市场风险，容易被仿冒，加剧市场竞争，−1分；

· 诉讼风险，假冒产品维权，消费者投诉，+0分；

· 国际风险，暂未计划进入国际市场，+2分；

· 信誉风险，暂不涉及，+2分；

· 退出通道风险，已有新三板挂牌规划，+2分。

评价因素正负合计得分14分，估值总额为350万元（14×25）。

这种方法原理与博克斯估值法相似，都是基于企业经营要素条件，但更注重风险对企业价值的影响，是一种比较保守的估值方法。

除以上方法外，网上介绍的方法有些与上述方法相似，如"500万元上限法""200万～500万标准法"，与博克斯法估值控制水平相当，但缺乏逻辑内涵。

M2: 沙盘推演——看准融资风口

一、推演导则

实训目标

帮助企业了解资本市场分层，种子期、初创期企业在资本市场的融资渠道，掌握股权融资的方法、技巧和需要注意的问题。

讲授知识点

1.天使投资和股权众筹融资途径和方法；

2.早期企业估值定价原理和价值提升技巧；

3.增资扩股指标计算；

4.商业计划书和融资路演要点。

推演任务

假设各组均为初创期企业，需要通过股权融资增加资本金，各组按预定融资任务制订融资方案，并完成一轮融资操作。

推演套件

1.项目评价因素分析法沙盘盘面（如图2-2）

2.因素评价表情贴（如图2-3）

3.项目评价因素分析法（如表2-2）

4.项目总评与投资Term Sheet书（如表2-3）

5.特制骰子（如图2-4）

STEP 2 看准融资风口

项目评价因子

1. 产业政策导向	政策支持力度分为导向支持、财税支持和产业基金支持
2. 项目行业背景	新兴技术融合分为同步创新发展、随动发展和局部融合
3. 产业启动阶段	产品所属产业成熟度分为萌芽期、早期和发展中期
4. 在产业链上地位	产品在产业链上分为核心地位、主节点和零配件供应
5. 市 场 容 量	国内外市场对该产品需求分为市场较大、很大和巨大
6. 产品技术层次	产品技术先进性分为国际先进、国内先进和行业先进
7. 知识产权归属	核心技术知识产权分为独立拥有，部分拥有或合作开发
8. 生产经营模式	设计+销售型、设计+代工型、设计+生产+营销型
9. 竞争者进入壁垒	竞争者进入分为法规壁垒、知识产权壁垒和市场壁垒
10. 替代产品威胁	新技术替代风险分为无威胁、威胁较小和威胁较大

团队素质

RESPONSIBILLTY EXECUTIVE FORCE

估值定价公式

$$Y = BXS \qquad P = Y/S$$

$$S_1 = \frac{SR}{1-R} \qquad C = \frac{S_1}{S+S_1}$$

图2-2 项目评价因素分析法沙盘盘面

图2-3　因素评价表情贴

表2-2　　　　　　　　　　**项目评价因素分析法**

1.产业政策导向	政策支持力度分为导向支持、财税支持和产业基金支持	□□□
2.项目行业背景	新兴技术融合分为同步创新发展、随动发展和局部融合	□□□
3.产业启动阶段	产品所属产业成熟度分为萌芽期、早期和发展中期	□□□
4.在产业链上地位	产品在产业链上分为核心地位、主节点和零配件供应	□□□
5.市场容量	国内外市场对该产品需求分为市场较大、很大和巨大	□□□
6.产品技术层次	产品技术先进性分为国际先进、国内先进和行业先进	□□□
7.知识产权归属	核心技术知识产权分为独立拥有、部分拥有或合作开发	□□□
8.生产经营模式	设计+销售型、设计+代工型、设计+生产+营销型	□□□
9.竞争者进入壁垒	竞争者进入分为法规壁垒、知识产权壁垒和市场壁垒	□□□
10.替代产品威胁	新技术替代风险分为无威胁、威胁较小和威胁较大	□□□

表2-3　　　　项目总评与投资Term Sheet书

_____队vs_____队

团队素质评价	1.学历和专业背景	大学本科以上有成功经验	3	
		大专学历专业资历丰富	2	
		大专以下有专业经历	1	
	2.自主创业目的	执着追求事业或创新	3	
		实现自我价值	2	
		随大流或赚大钱	1	
	3.品质和意志力	品质优良毅力超群	3	
		意志品质坚定	2	
		意志品质较强	1	
	4.演说推广能力	积极发声真诚感人	3	
		口才出众善于沟通	2	
		产品为王低调做事	1	
	5.组织运筹能力	头狼卓越一呼百应	3	
		团队整齐兄弟齐心	2	
		智谋双全包打天下	1	
总分				

企业信用评级	A+ □　BBB□　BB-□	投资Term Sheet书
项目参考估值	准确□ 偏高□ 偏低□	
经营绩效评价	优异□ 一般□ 较差□	投资现金_____
投资交易条件	满意□ 尚可□ 放弃□	

图2-4　特制骰子

二、推演流程

第一环节　确定融资途径和目标

推演导语：初创期企业是成立3年以内的企业，这个阶段生产经营均不正常，经营性现金流很不稳定，营业收入不能覆盖成本，而创业资本即将耗尽，必须通过外部融资维持生存，谋求发展。但是银行贷款指望不上，新三板、四板又够不着，真正叫作青黄不接，是企业最容易夭折的高危阶段。那么，怎样渡过这个难关？利用第一场金融版图分析方法可以发现，现实可行的融资渠道只有天使投资、股权众筹。

股权众筹是基于互联网面向网民进行资金募集的融资方式，有公募和私募之分。发起众筹的一般程序首先要找到一个专业网络众筹平台，与平台合作进行项目评估、估值定价、招募文件制作，然后确定领投人、邀约跟投人，最后将项目上网展示、在线路演招募、签订投资协议、办理工商注册手续，等等。可见程序手续比较复杂，融资成本较高。募集是否成功，除了优质项目、优秀团队，还要优异呈现。股权众筹的优势也在于此，如果项目"三优"货真价实，呈现效果好，融资额度比较大，众筹金额几千万元上亿元的都有。

天使投资由企业与天使投资人直接谈判成交，一般没有中间环节。就像前两年大家在电视节目上看到的"双创"热那样，创业者与天使投资人面对面交流。如果项目创意新颖、技术拔尖，令投资人动心，在沟通过程中，对创业者专业背景、综合素质和运营能力考察过关，有足够信心，就可以当下拍板成交。具有融资环节少、速度快、无中间费用等独特优势。但是，国内天使投资人有底气的不多，对单个项目投资额一般不会超过300万元。

选择融资方式首先需要考虑融资额度是否满足企业当前需要，即按企业发展规划到下次融资预算支出缺口。其次要注意维护创始人控制权，股权融资必然导致原股东股权稀释。公司不论大小，股权只有100个点，不光要防止稀释过快，还要给以后各轮融资留有余地。所以一轮融资一般不宜超过股本总额的30%。

学员操作指引

◆ 操作任务：各组根据本企业特点和需求自行确定股权融资渠道，即选择股权众筹还是天使投资。

◆ 根据工商注册信息，按实收资本的一定比例计算确定股权融资目标，作为本轮操作任务的考核指标。

◆ 报告各自融资方案，包括融资渠道融资额，释放股权比例，按确定方案，分两条路线进行下步操作。

◆ 操作用时10分钟。

扫描二维码获取标准答案

第二环节　项目参考估值

推演导语： 天使投资、股权众筹均属股权融资，是股权融资就必须经过估值定价。前面说过，企业找金融机构融资，就是双方的一次交易、一桩买卖，做买卖就必须有价格。企业估值定价就是为了确定资本价格，然后才能进行交易。

但是早期企业财务信息既不足够，又不准确，无法用现成公式、模型进行计算。因此只能采取因素分析方法，对影响企业发展的各项因素评价打分，转化成定量指标，作为估值参数，然后用于估值定价。市场上常见的早期企业估值方法，目的都是找到这个参数。

前述估值法各有一套评价因素体系，指标比较抽象，与信息科技时代比较脱节，没有经验的学员难以掌握使用，也不适合创新型、轻资产项目评价估值。因此，我们在国家金普教育项目统一教材《小微企业金融知识普及教育读本》编写、教研过程中，首次提出一套将因素分析法与市净率法结合运用的估值定价方法。

根据市净率公式：

市净率（X）=每股定价（P）/每股净资产（B）

公司估值总额（Y）=每股净资产（B）×市净率（X）

×增资前总股本（S）

公式中的每股净资产（B）、增资前总股本（S）均为已知条件，只有市净率（X）属于待定变量。这就奠定了所拟估值方法的科学性，因为对于任何计算公式或估值模型，已知条件越多，计算过程越简单，结果越准确。市净率的含义是每股溢价倍数，正好用以代表项目成长性预测，可以用因素分析法加以确定，作为企业估值参数。

项目评价因素的确定，适应新经济时代和高技术、创新型、轻资产项目特点，借鉴商业计划书项目评估方法，将国家产业政策因素，波特五力模型和SWOT分析方法相关因素综合起来，进行排列重组，提炼出一组10个项目评价因子，各因子含义及其等级标志是：

（1）国家产业政策：根据产业结构调整指导目录，必须属于鼓励类项目，按政策支持力度，依次为文件导向性支持、财税政策优惠、产业引导基金支持；

（2）行业背景：项目所属行业在国民经济中所处地位，以及该行业融合新兴技术创新发展前景，按融资难易度，依次为同步新技术、业态更新、业态稳定；

（3）产业启动阶段：项目所属产业发展状况和趋势，按成熟程度分为萌芽期、早期和中期；

（4）项目在产业链上的地位：产业链地位决定市场地位和发展潜力，按支配力分为产业链核心、主节点地位和零配件供应商；

（5）市场容量：国内外市场对该项目产品需求总量，按规模分为市场较大，市场够大需求可挖掘，市场巨大需求刚性较强；

（6）产品技术层次：产品采用技术的先进性，分为国际先进、国内先进和行业先进水平；

（7）知识产权归属：核心技术的知识产权，按归属分为独立拥有知识产权、部分知识产权、买进技术或合作开发；

（8）生产经营模式：生产经营模式决定盈利模式，对投资风险有重大影响，按组织方式分为设计+销售型、设计+代工型、设计+生产+销售型；

（9）竞争者进入壁垒：竞争者进入对项目威胁，按难易度分为法律和政策壁垒、知识产权壁垒和市场壁垒；

（10）替代技术（或产品）威胁：新技术、新产品和新能源对该产品及其关联产品的替代风险，按风险程度分为威胁很小、短期威胁较小和现实威胁出现。

每个因子按分级描述状态用"最优、良好、一般"评价，在图2-2上的红、黄、蓝框内用三种表情贴加以标记。然后按照赋值打分规则，求得项目评估参数。区别天使投资和股权众筹，采取不同的方法进行计算。

学员操作指引

◆ 操作任务：用因素分析法进行项目评价，找到估值参数。

◆ 各组根据各自工商注册的主营业务范围，在图2-2上对10项评价因子逐项对照评判，按评价结果用笑脸、平脸、哭脸表情贴分别代表最优、良好和一般加以标记（自助游戏的可在表2-2评价框内打钩）。

◆ 评价完成，点算三种表情贴，分别融资方式对10项因子赋值，并计算估值参数：

- 股权众筹估值参数X_1=笑脸数×0.3+平脸数×0.2+哭脸数×0.1

- 天使投资估值参数X_2=笑脸数×3+平脸数×2+哭脸数×1

◆ 计算完成后，报出各自项目估值参数。

◆ 操作用时20分钟。

扫描二维码获取标准答案

推演导语： 找到估值参数，可以很方便地计算确定项目参考估值。

股权众筹直接采用前列市净率法计算公式。市净率是每股价格与每股净资产比值，也就是升值幅度，取值范围一般为每股净资产的2倍左右。上边我们给三种表情贴赋值分别为0.3、0.2、0.1，评价因子合计1~3分，中位数为2，与市净率法取值范围一致。

天使投资采取量化博克斯法※。博克斯法是美国人博克斯首创的早期企业估值方法，利用经验分析列出影响企业发展的5大要素——项目创意、盈利模式、创业者人品能力、团队素质、产品前景，直接给出各要素价格。例如一个好的创意100万元等，五项要素价格合计500万元。这个方法逻辑清晰、操作简便，在天使投资人圈内应用较多。不足之处是各项要素均以"好的""优秀的"等形容词描述，缺乏量化标准，估值高低全看投资人经验和感觉。因此我们利用上述因素评价方法，只要改变因子赋值，就可以对各项因素加以量化。3种表情贴分别按3分、2分、1分给予赋值，10项因子合计分数30分，每分对应投资10万元，合计300万元。与国内天使投资额度一般为100万~300万元的现实基本吻合。

学 员 操 作 指 引

◆ 操作任务：各组根据估值参数，计算各自参考估值。

◆ 股权众筹的参考估值用公式Y=BXS计算，式中S（融资前股本总额）按实收资本取值，B（每股净资产）按每股1元取值。

◆ 天使投资的参考估值直接用项目评估参数X乘以10万元计算。

◆ 计算完毕，各组报出参考估值。

◆ 操作用时10分钟。

扫描二维码获取标准答案

第三环节　制订股权融资方案

推演导语： 第二环节计算出项目参考估值，就具备了制订融资方案的条件。融资方案的核心内容是增资扩股指标，包括每股定价、P/B倍数、出让股权比例等，是面向投资人募集资金的交易条件。

需要说明的是，以上计算结果之所以叫作参考估值，一是因为它属于主观评价，有没有说服力要看客观评价；二是单纯反映项目本身因素，没有包含创业者素质和团队状态。需要通过下一步路演综合评价加以合理调整，才算最终结果。所以依据参考估值计算的融资方案各项指标，也属于参考值。

增资扩股指标计算根据已知条件不同，有3种计算方法：

第一种算法，增资额（即目标融资额）一定，计算每股定价和释放股份比例。适合公司估值基本确定的增资扩股计算。

每股参考定价P=参考估值Y÷股本总额S

增发股数S_1=增资额Z÷每股参考定价P

第二种算法，释放股权比例一定，计算每股定价、增发股数。适合公司估值不确定的增资扩股计算。

增发股数S_1=股本总额S×释放股权比例R÷（1-R）

$$=S×R÷（1-R）※$$

每股参考定价P=增资额Z÷增发股数S_1

第三种算法，投融资双方已就投资额协商一致，计算让渡股权比例。适合天使投资的增资扩股计算。

让渡股权比例=增发股数S_1÷（$S+S_1$）

学员操作指引

◆ 操作任务：制定融资方案。

◆ 根据各自融资渠道、项目参考估值和其他条件，选择适当的计算公式，计算增资扩股指标。

◆ 企业融资方案是下一环节融资路演的核心内容，指标是否适当，对融资成功率有直接影响。因此建议结合路演准备，对有关指标进行适当调整，最后确定融资方案。

◆ 操作用时10分钟。

扫描二维码获取标准答案

第四环节　路演招募

推演导语： 融资方案确定后，进入路演准备阶段。首先要做好招募文件，包括商业计划书（BP）、路演PPT和备询文件。核心文件是商业计划书，路演PPT是商业计划书的浓缩版。

路演的第一方面内容是介绍项目，应全面介绍项目创意或技术方案、目标市场与竞争分析、商业逻辑和盈利模式、营收预测、财务评价、公司战略发展规划、筹资总额、资金使用计划及投资回报等。限于推演条件，这里用项目评价因素分析（表2-2）加以放大，代替商业计划书和路演PPT。按10项因素说明打分理由，对于评为笑脸表情贴的因素要做重点说明。结合因素评价，采取股权众筹融资方式的应附加介绍公司经营绩效，采取天使投资的应凸显项目创意创新独特性。

第二方面内容是团队介绍，创始人和团队素质是创业成功、企业发展的首要因素。对于成长期以后的企业，经营业绩就是团队素质和经营能力的有力证明。但是早期企业无法拿业绩说话，必须对构成其综合素质的各项因素进行分析评价。所以我们将项目评价与团队评价分为两组评价因素。路演介绍应按照（表2-3）所列团队评价5项因素逐项进行说明，实行背靠背打分。

第三方面内容是融资交易条件。按融资方案主要指标，包括效益预测，承诺回报和退出通道。

路演目的就是将项目优势、团队优势加以生动说明，完美呈现给投资人。所以要选择最佳演讲人，演讲人应由核心团队成员中口才最好、善于造势，擅长现场交流的人担任。同时要突出团队优势，搞好角色分工，凸显专业互补，增强投资者信心。

准备工作完成，正式开始路演招募，分3步进行。

学员操作指引

◆ 操作任务：按规则进行路演招募，分4步完成本轮融资任务。

◆ 第一步，上场路演。按三方面内容进行介绍，限时8分钟。操作规则：

（1）演讲至7分钟举牌提示，到点即止；

（2）项目评价因素为笑脸的重点说明，导师认为理由不充分的直接决定扣分。

◆ 第二步，综合评价。与第一步同步进行，未上场各组作为投资人，对上场演讲团队在表（2-3）上进行总评，并做出投资决策，从而循环完成背靠背总评和投资意见。操作规则：

（1）场上团队演讲完毕，收回场下各组总评表，下一组上场；

（2）每个团队给予5个现金投资权限，对一个组投资最高限投2个现金。投资成功获得分红，可作为下轮推演库存现金。投资失败，按损失数减少下轮库存现金；

（3）各组路演完毕，如果投资少于3个现金，设定通货膨胀和机会成本各损失1个现金，从下轮库存现金扣除。

◆ 操作用时50分钟。

扫描二维码获取标准答案

◆ 操作任务：接路演招募。

◆ 第三步，揭晓投资结果。各组上场路演完毕，统计总评（表2-3）和投资情况（表2-4），各组团队评价得分12分以上，且获得投资3个以上现金的，视为融资成功。否则融资失败，各组对他们的投资算作损失。

◆ 第四步，盘点投资收益。投资是否成功，标准要看企业发展。而企业成功除了天时、地利、人和各种条件配合，还需要一定的运气。所以这里用掷骰子代表运气，团队评价得分14分以上的给3次掷骰子机会，13分的掷骰子2次，12分的掷骰子1次。取掷骰子最大值作为对投资人分红数，分红所得转入下一轮库存现金。

◆ 第三、四步操作用时60分钟。

扫描二维码获取标准答案

表2-4　　　　　　　团队之间投资统计

投资＼被投	一组	二组	三组	四组	五组	六组	投资合计
1组							
2组							
3组							
4组							
5组							
6组							
被投合计							
溢价倍数							

场景三

信贷融资攻略

信贷市场与银行贷款

一、信贷市场广角镜

信贷市场是信贷资金的供需双方进行交易的场所。企业和居民既是信贷资金的提供者，也是信贷产品的消费者。各类银行、非银行金融机构作为货币资金的中介，是信贷市场的经营主体。

银行体系很壮观

人民银行是中央银行，一方面负责货币政策的制定和执行，调控货币供应，维护金融稳定；另一方面作为银行的银行，承担商业银行再贷款和再贴现，是控制货币流通的总阀门。在人民银行总控和银保监会监管下，分为三大系统：

一是以承担国家产业政策为主的政策性银行系统，包括国家开发银行、农业发展银行和中国进出口银行。

二是以经营存贷款业务为主的商业银行，是金融市场的主力军。据银保监会统计，截至2018年末，全国共有各类商业银行4124家。

国有或国家控股大型商业银行6家，即工商银行、建设银行、中国银行、农业银行、交通银行和邮政储蓄银行。

全国性股份银行12家：民生银行、招商银行、中信银行、平安银行、兴业银行、光大银行、浦发银行、华夏银行、广发银行、渤海银行、浙商银行、恒丰银行。

民营互联网银行5家：浙江网商银行、深圳微众银行、南京苏宁银行、成都新网银行、武汉众邦银行。

此外还有城市商业银行134家、农村商业银行1427家、外资和合资法人银行42家、民营银行12家、村镇银行1616家、农村信用互助合作社和贷款公司870家。

三是以资产管理为主的非银行金融机构，包括金融资产管理公司4家，信托公司68家，金融租赁公司69家，企业集团财务公司253家，汽车金融和货币经纪公司30家。

在银行业金融机构统计口径之外，还有商务部归口的融资租赁公司12 060家，地方金融主管部门监管的小贷公司8133家。

银行业务一箩筐

商业银行是依据《商业银行法》设立，以吸收公众存款、发放本外币贷款、办理支付结算业务为主的货币经营企业。我国商业银行自1998年以来实行分业经营，经营业务范围和服务产品一般包括：

1.存款业务

企业存款按币种可分为人民币存款和外币存款，按支取方式可分为活期存款、定期存款、通知存款、协定存款、协议存款等。

2.贷款业务

贷款是银行最主要的经营品种（商业银行称为资产业务），贷款利息收入占银行营业总收入的60%以上。主要贷款种类：按目标市场，分为公司金融（对公业务）、个人金融（对私业务）、房地产金融等；按贷款用途，分为流动资金贷款、固定资产建设贷款、并购贷款、城市基础设施建设贷款等。

3.结算业务

支付结算是银行的基本功能，包括国际和国内贸易结算支付、开证押汇、承兑汇票、电子汇兑、网络银行和代理业务等。

4.中间业务

会计准则规定不列入资产负债表内，不影响资产负债总额，但影响当期损益和资产报酬率的经营业务。常见收费性中间业务有八种：

（1）银行卡业务，包括向社会发行的具有消费信用、转账结算、存取现金等全部或部分功能的信用支付工具；

（2）代理类中间业务，商业银行接受客户委托，代为办理客户财务收支、产品销售并收取一定费用的业务，包括代理政策性银行业务、代收代付规费和公用事业费业务、代理证券、保险基金和理财产品、代理银行卡收单业务、代理人民币外汇交易和结售汇等；

（3）担保类中间业务，包括为客户债务清偿能力提供担保，承担客户违约风险的业务，例如银行承兑汇票、备用信用证、各类保函等；

（4）承诺类中间业务，商业银行按照事先约定的日期和条件向客户提供信用支持的业务，包括贷款承诺、透支额度等可撤销承诺，以及备用信用额度、回购协议、票据发行便利等不可撤销承诺两种；

（5）交易类中间业务，商业银行为满足客户保值或自身风险管理的需要，利用各种金融工具进行的资金交易活动，包括期货、期权等各类金融衍生业务；

（6）基金托管业务，有托管资格的商业银行接受基金管理公司委托，负责保管所托管基金的全部资产，为所托管的基金办理资金收付款项划拨、会计核算、基金估值，按基金章程监督管理人投资运作；

（7）咨询顾问类业务，商业银行凭借其在信息和人才等方面的优势，收集和整理有关信息，结合银行和客户资金运动的特点，形成系统的方案为客户提供增值服务，主要包括财务顾问和现金管理业务等；

（8）金融保安类业务，包括保管箱、保镖及其他中间业务。

为了应对我国加入WTO后的外资银行竞争，2002年国务院批准中信银行、光大银行、平安银行进行金融控股集团试点，开始混业经营探索。近年来，随着人民币国际化和中国企业走出去战略，混业经营口子逐步放开，商业银行经营模式正在升级换代，经营业务从存款、贷款、汇款3大传统业务，向商业银行、投资银行、信托投资、股权投资等综合配套金融服务发展。

银行难解融资难

小微企业融资难问题自1998年亚洲金融危机开始显现，迄今20多年一直是影响我国经济运行的老大难问题。为了化解这个问题，中央采取法律、行政和金融各种手段加以治理，然而始终没有得到有效缓解，这说明相关政策措施没有对症下药。

由于历史的原因，银行一度是我国硕果仅存的金融机构。改革开放初期，人们观念上几乎将金融与银行画等号。于是金融改革自然是从银行入手，而所谓开放就是一哄而上办银行，从中央到地方乃至成功企业，办银行的冲动至今热度不减，顺其自然地形成所谓"银行主导"的金融体系。银行业资产占整个金融业的比例最高时达93%，至今仍达80%以上。当融资难问题被摆上台面时，决策层很自然地希望通过银行扩大放贷来解决问题。

1."6432"政策无奈融资难

2005年国务院发布《关于鼓励支持和引导个体私营等非公有制经济发展的若干意见》（俗称"老36条"），首次就民营企业融资难问题提出对策意见："有效发挥贷款利率浮动政策的作用，引导和鼓励各金融机构从非公有制经济特点出发，开展金融产品创新，完善金融服务，切实发挥银行内设中小企业信贷部门的作用，改进信贷考核和奖惩管理方式，提高对非公有制企业的贷款比重。"根据国务院指示，银监会出台《银行开展小企业贷款业务指导意见》，要求商业银行开展小企业贷款要着重落实利率的风险定价机制、独立核算机制、高效的贷款审批机制、激励约束机制、专业化的人员培训机制、违约信息通报机制"六项机制"。

之后随着经济波动和融资难呼声不断高涨，按照国务院要求，银监会在六项机制基础上，对商业银行先后推出"四单管理""三个不低于"等指令性考核指标。

所谓"四单管理"，是从银行经营线上加强小微企业信贷业务的组织保障。2009年3月，为应对全球金融危机，银监会举行"全面提升中小企业金融服务水平"专题会议，提出改善小微企业信贷服务的"四单"管理办法，即各银行总部必须单独设立中小企业信贷服务一级管理部门，配置人力和财务资源；对中小企业专营机构单列信贷计划；对中小企业贷款单独制定客户认定与信贷评审标准；中小企业信贷业务单独进行会计核算。

所谓"三个不低于"，具体规定了小微企业贷款量化指标。2013年银监会贯彻国务院关于金融支持小微企业发展的实施意见，出台《关于进一步做好小微企业金融服务工作的指导意见》，提出"两个不低于"的监管目标：小微企业贷款增速不低于各项贷款平均增速，贷款增量不低于上年同期水平。2015年银监会在年度工作会议上进一步提出"三个不低于"目标：小微企业贷款增速不低于各项贷款平均增速，小微企业贷款户数不低于上年同期户数，小微企业申贷获得率不低于上年同期水平。2019年再次加码，提出"两增两控"目标，具体规定了小微企业贷款总额和贷款户数增加，小微企业贷款成本和贷款风险控制指标。

在行政指令、指标考核难以奏效的情况下，根据国务院领导意见，2015年银监会连续发力，先后出台《小微企业金融服务工作的指导意见》《进一步落实小微企业金融服务监管政策的通知》，集中推出提高小微企业不良贷款容忍度、对基层小微企业服务机构实行差异化监管、小微企业信贷人员尽职免责3大政策。为银行一线小微企业服务机构和业务人员减压鼓劲，以保"三个不低于"目标实现。

2. "7422"举措难解融资贵

融资难问题没有解决，融资贵问题在2011年温州借贷危机过程中又凸显出来，为此银监会于2012年出台《关于整治银行业金融机构不规范经营问题的通知》，提出信贷业务"七不准"与服务收费"四公开"，2015年又提出小微企业金融服务"两禁两限"。

（1）信贷业务"七不准"：

①不准以贷转存。银行信贷业务要坚持实贷实付和受托支付原则，将贷款资金足额直接支付给借款人的交易对手，不得强制设定条款或协商约定将部分贷款转为存款。

②不准存贷挂钩。银行业金融机构贷款业务和存款业务应严格分离，不得以存款作为审批和发放贷款的前提条件。不准以贷收费。银行业金融机构不得借发放贷款或以其他方式提供融资之机，要求客户接受不合理中间业务或其他金融服务而收取费用。

③不准以贷收费。银行业金融机构不得借发放贷款或以其他方式提供融资之机，要求客户接受不合理中间业务或其他金融服务而收取费用。

④不准浮利分费。银行业金融机构要遵循利费分离原则，严格区分收息和收费业务，不得将利息分解为费用收取，严禁变相提高利率。

⑤不准借贷搭售。银行业金融机构不得在发放贷款或以其他方式提供融资时强制捆绑、搭售理财、保险、基金等金融产品。

⑥不准一浮到顶。银行业金融机构的贷款定价应充分反映资金成本、风险成本和管理成本，不得笼统地将贷款利率上浮至最高限额。

⑦不准转嫁成本。银行业金融机构应依法承担贷款业务及其他服务中产生的尽职调查、押品评估等相关成本，不得将经营成本以费用形式转嫁给客户。

（2）服务收费"四公开"：

①收费项目公开。总行统一制定收费价目名录和价格，同一收费项目使用统一收费项目名称、内容描述、客户界定等要素，任何分支机构不得自行制定和调整收费项目名称等要素。

②服务质价公开。服务收费应合乎质价相符原则，不得对未给客户提供实质性服务、未给客户带来实质性收益、未给客户提升实质性效率的产品和服务收取费用。

③效用功能公开。服务价格应遵循公开透明原则，各项服务必须"明码标价"，充分履行告知义务，使客户明确了解服务内容、方式、功能、效

果，以及对应的收费标准，确保客户充分了解信息，自主选择。

④优惠政策公开。对特定对象坚持服务优惠和减费让利原则，明确界定小微企业、三农、弱势群体、社会公益等领域相关金融服务的优惠对象范围，公布优惠政策、优惠方式和具体优惠额度，切实体现扶小助弱的商业道德。

（3）小微企业金融服务"两禁两限"。

除银团贷款外，商业银行不得对小型微型企业贷款收取承诺费、资金管理费。严格限制对小型微型企业收取财务顾问费、咨询费等费用。

政策转向"宽货币"

统计数据"三个不低于"年年完成，然而融资难问题从来没有得到有效缓解。于是从2017年起，国务院政策开始由"宽信用"转向"宽货币"，连续放出定向降低准备金率、再贷款等货币政策大招。意在利用货币传导机制，扩大对中小银行货币供应，通过增加可用资金，降低经营成本，激励中小银行对小微企业贷款的积极性。这说明宽货币的目的还是为了宽信用，促使基层银行对小微企业高抬贵手。

自2017年9月30日至2020年上半年，央行全面降准和对中小银行定向降准加起来有5次，并将县域农商行存款准备金率降至8%。与此同时，组合运用再贷款、再贴现政策，中期借贷便利MLF（Medium-term Lending Facility）、定向中期借贷便利TMLF（Targeted Medium-term Lending Facility），将单户授信1000万元及以下的小微企业贷款纳入MLF和再贷款合格担保品范围，将小微企业贷款风险拨备的风险权重由100%下调至75%，等等。货币政策运用品种之广、频次之多、力度之大，世所罕见。这些政策大多具有给中小银行直接提供低成本资金的作用，并且体现了中央银行帮中小银行分担成本、分流风险的政策意图。此外，还设立了国家融资担保基金600亿元。

中央决策可谓用心良苦，然而各家银行却志不在此。中小银行没有一家自我定位为社区银行，而是千方百计做大规模，往大城市发展。甚至将进军一线城市作为战略目标，梦寐以求在北上广深设立分行。批不了分行，就开窗口公司，大张旗鼓地开展房抵贷业务。列入央行降准名单的银行，利用窗口公司在京放贷的据称近50家。如此一来，定向降准和政策性银行转贷款资金到地方转了一圈，又回到北京。

2020年新冠肺炎疫情后，国务院为推动复工复产，围绕"六稳六保"，决定再次降准释放资金1.75万亿元，通过专项再贷款再贴现，激励国有大型银行发放普惠小微贷款、增加政策性银行专项信贷额度，为中小微企业和个体工商户提供低成本贷款2.85万亿元，对110多万户中小微企业超1万亿元贷款本息办理延期还本或付息。紧接着，人民银行、银保监会等八部委联合发布《关于进一步强化中小微企业金融服务的指导意见》，从落实中小微企业复工复产信贷支持政策、开展商业银行中小微企业金融服务能力提升工程、改革完善外部政策环境和激励约束机制、发挥多层次资本市场融资支持作用、加强中小微企业信用体系建设、优化地方融资环境、强化组织实施等7个方面，提出了30条政策措施。特别强调把经营重心和信贷资源从偏好房地产、地方政府融资平台，转移到中小微企业等实体经济领域。

金融供给侧结构性改革是破题关键

为了破解小微企业融资难问题，从宽信用到宽货币，总之都是围绕信贷政策，围绕银行贷款想办法。国务院文件虽然也有拓宽直接融资渠道，支持中小企业进行资本市场融资，完善债券发行机制等提法，可是大多没有硬性指标要求和跟进考核安排，无法落到实处。

　　银行作为资金供给方，天然使命是服务实体经济，而且银行业作为金融业龙头，在我国长期占据一业独大地位。所以从思维逻辑上，依靠银行解决融资难问题顺理成章。然而从市场逻辑上却不是这样，存在着供需关系明显不对称问题。

　　商业银行经营资金大多来自居民储蓄存款，与资本充足率标准对应的资产负债率高达92%，属于典型高负债、高风险经营，是对风险最敏感，承受能力最低的金融机构。所以银行的目标市场选择主要是成熟期企业，进而依银行自身定位和规模选择大中型企业。小微企业大多处于种子期、初创期阶段，不属于商业银行的市场准入范围。对小微企业信贷排斥是很自然的市场选择，并反映在客户评级授信、风险定价方方面面。无论是政策引导还是考核施压，均无法改变银行各级机构和员工对待小微企业的态度。银保监会制定那么多"6432""7422"考核指标，恰恰说明政策贯彻难度有多大。

　　从需求方看，早期阶段小微企业生产经营不正常、现金流不稳定、盈利能力弱，甚至需要继续投入，因此资金需求百分之百为中长期资金。即使生产经营正常的企业，按照合理资本结构，股东权益50%，短期和中长期负债各占25%，中长期资金仍占75%以上，只能通过资本市场直接融资解决。可是由于资本市场没有发挥为小微企业配置资金作用，企业原始资本筹措不到位，中长期资金缺口大，流动负债率始终高居80%以上，一方面导致企业家经常面临偿债压力、贷款需求亢进，长期无法缓解；另一方面加剧了企业资金链紧绷状态。银行对小微企业贷款全部为1年期以下短期贷款，在长期资金筹措无门情况下，企业只能短贷长占。据一项调查显示，90%的老板为借新还旧疲于奔命。资金链一旦接续不上，企业立即面临破产倒闭。我国小微企业夭折快、寿命短概源于此。

综上所述，金融市场供给结构与实体企业需求结构颠倒、供需关系错位，乃是造成我国小微企业融资难长期无解的深层次原因。同时说明单靠银行贷款无法解决融资难问题。正确的解题方向，是切实回归金融为实体经济服务的本源，根据企业资金需求结构，加快金融供给侧结构调整，把政策重点尽快扭转到资本市场方面来。

人们原来担心银行业庞大资产向资本市场转移存在障碍，目前金融界正在进行的混业经营改革为此提供了绝佳机会。党的十八大以来，配合人民币国际化和企业"走出去"战略，混业经营口子逐步放开，银行理财与资管业务、投贷联动试点陆续开展，有利于扩大直接融资渠道。

近年来在互联网金融冲击、金融脱媒加剧和利率市场化压力下，混业经营已经成为趋势。通过国内设立子公司，或利用香港机构转投收购等办法，直接和间接持有信托、证券、保险、金融租赁、股权基金等牌照。截至目前，5大国有银行均已实现全牌照，16家上市银行全部具备金融控股集团格局。问题是必须加快顶层设计，使混业经营与多层次资本市场规划相衔接，尽快补上为小微企业配置资金的短板。防止借机扩大垄断和自我循环、自我膨胀倾向抬头。

二、银行评信与授信

评信高低看征信

企业信用评级简称"评信"，也叫"评级"，是指信用评级机构依据征集到的企业信用信息，利用一定的指标进行信用等级评定的专业工作。并以最简捷、直观的符号表明企业资信形象和信用价值，是企业开展经营活动，进入金融市场融资的"身份证"。因此，弄懂评信授信，要从了解征信开始。

征信是国家授权机构依法对企业、事业单位和个人的信用行为信息进行采集、记录和保存，并通过整理、加工，向金融机构等有关单位提供信用报告、信用信息查询的专业服务。我国实行以国家征信为主、市场征信为辅的政府主导型征信管理体制。2013年1月，国务院颁布《征信业管理条例》，明确中国人民银行负责全国征信业监督管理，央行征信中心是负责全国统一信用信息基础数据库（以下统称"征信系统"）建设、运行和管理的事业单位。企业信用信息主要由商业银行和其他从事信贷业务的金融机构义务提供。这说明央行征信中心及其征信系统属于国家征信，具有强制性、系统性、权威性的特点。

1.企业信用信息来源

（1）企业基本信息。包括企业工商注册登记的信息、组织代码识别信息、税务登记信息，以及法定代表人、出资人、高管人员身份信息，公司注册资本和实收资本、股权结构，企业会计制度、财务指标和财务信息变动情况，集团公司和关联企业信息等。这些信息在企业申请银行开立基本账户时，由企业自行填写，上传征信系统进行初始录入，从而完成企业信用记录创建。

（2）企业在开户银行和其他信贷机构上传信息。央行征信系统现已接入所有商业银行、信托公司、财务公司、融资租赁公司、资产管理公司和保险公司，目前正在积极推动小贷公司、村镇银行和信用合作社接入，实现各类放贷机构全覆盖。企业信贷信息包括：

①企业本外币贷款金额、用途、期限、利率及还本付息情况；

②贷款质量分类标志、展期、不良、违约及风险处置情况；

③承兑汇票、信用证、保函等业务及异动情况；

④非信贷融资包括信托投资、融资租赁负债和履约情况；

⑤对外担保结清、未结清业务和其他或有负债情况；

⑥企业在其他银行开立一般存款账户和办理授信业务情况；

⑦商业信用信息，应收应付账款、商业承兑汇票、网络和第三方支付结算信息及还款情况等。

（3）公共和社会相关信息。根据市场经济体制和社会诚信体系建设规划，人民银行积极推动财经、司法、公用事业等有关部门信息共享，目前已经纳入征信系统的企业信息包括工商、税务、环保、社保、交通、海关、安全生产监督、质量与技术检测、食品药品安检、公安、法院、住建、民航等国家机关，以及电信、水电、燃气、互联网等公用事业单位等16个部门的处罚、表彰记录，共17类非银行信用行为信息。

2.企业信用报告及其使用

企业信用报告是征信中心根据征信系统采集信息，加以分类记录和整理，客观反映企业信用状况的证明文书。

信用报告首先供金融机构在企业申请融资时查询使用。按照人民银行授信管理和贷款规则规定，商业银行贷前调查必须查询企业信用信息，贷后管理要及时监测和上传债权动态变化和企业履约情况。企业发行债券、公司上市挂牌，均需根据企业信用报告，由第三方评级机构评价其信用状况。

国家发改委等三部委2013年发布《关于在行政管理事项中使用信用记录和信用报告若干意见的通知》明确规定，在政府采购、招标投标、行政审批、市场准入、资质审核等行政管理事项中要依法要求相关市场主体提供由第三方评级机构出具的信用记录或信用报告。政府部门评奖、评优、招标或审计机构进行财务审计等活动中，也须了解其信用状况。

3.企业信用报告查询和使用方法

企业征信信息所有权属于企业，信用报告查询使用有3种情况：

（1）企业自我查询。企业自查信用报告的目的，可比喻为人身定期体检，及时发现和处理信用记录可能存在的问题。一是防止工作失误，防微杜渐，保持良好信用记录；二是防止记录差错，发现错登或记录出入，可以向征信中心和上传金融机构申诉，请求更正。以免企业信用受损，在需要融资时贻误商机。

信用报告自查，可以是法定代表人本人或委托经办人查询，查询方法如下：一是线上自查，登录中国人民银行官方网站，在"办事指南"栏下载、打印《企业信用报告查询申请表》《企业法定代表人查询授权委托证明》。填写后加盖公章，由法定代表人签字。二是线下自查。企业携带申请表、授权书到人民银行分支机构，提交《企业法人营业执照》副本及加盖公章的复印件（非三证合一的并携带组织机构代码证原件和加盖公章的复印件），经办人身份证原件，法定代表人身份证复印件，查验无误并付费后，确认受理。全国征信中心系统复核后，生成报告文本。一般在第2天即可取得由"中国人民银行征信中心"书面出具的《企业信用报告》。

（2）企业授权单位查询。主要是指企业为了融资目的，授权金融机构直接登录征信系统查询，分长、短期和一次性授权。长期授权对象主要是发生信贷业务的银行，在开立银行账户或申请贷款时给予授权。短期或一次性授权对象通常为证券公司、信托投资、融资租赁、财产保险、财务公司、小贷公司、村镇银行等接入全国征信系统的非银行金融。

企业融资涉及股权投资基金、信用担保、典当行等类金融机构，以及信用评级、律师事务所、审计师事务所等中介服务机构，凡是没有接入征信系统的，一般不宜采取授权查询方式，而是由企业自行查询，直接向对方提供征信中心出具的书面报告。

（3）司法查询。法律赋予司法调查权的机构，无须企业授权，也可以直接向征信中心申请查询企业信用报告。

4.企业信用评级两大体系

我国的企业信用评级分为两大体系。一是依托央行征信中心，各商业银行独立运行的信贷市场封闭评级系统。1996年人民银行发布的《贷款通则》规定，企业信用评级由各商业银行独立进行，评级结果作为内部信贷管理和客户风险识别工具，不对外公布。因而称为"内部评级"，目前通称"客户信用评级"。二是国际大牌评级机构控制，市场化运作，主要为资本市场服务的第三方独立评级系统。从我国加入WTO到《征信业管理条例》发布，非银行金融机构征信评级市场率先对外开放。美国3大评级机构积蓄10多年的能量一朝迸发，大举进军国内第三方评级市场，已获得国内主要评级机构三分之二的控制权。

客户评级是个栅栏门

银行客户信用评级，就是运用反映企业偿债能力的指标体系和评价方法，对客户企业资信状况进行定量分析，并加以水平分级的方法。

商业银行是以经营货币和管理风险为主要盈利模式的金融机构，风险识别是管控风险的首要环节，而客户信用评级就是银行最简捷、直观的风险识别工具，实行客户分类管理，决定授信额度核定的重要依据。因而是贯穿银行信贷管理全过程，用以风险隔离的第一道屏障。对于企业，信用评级是申请银行授信和贷款的第一道关口，这一关过不去，就无法进入贷款调查和审批程序。

1.人民银行关于企业信用评级的规定

中国人民银行于2006年发布《信用评级管理指导意见》，将企业信用等级评定划分为三等九级（见表3-1），每个等级含义各用五六句话表述，概括起来有3个关键词：偿债能力、经营状态和不确定因素的影响。并相应提出企业信用评级指标体系，包括偿债能力、盈利能力、经营能力、发展潜力、履约情况和企业素质5个方面20多项指标，但没有给出评价依据和打分标准，而是交由商业银行自定细则，自建标准，自行开展客户信用评级。

表3-1 **企业信用评级等级符号和含义**

等级	含义
AAA	短期债务支付能力和长期债务偿还能力具有最大保障；经营处于良性循环状态，不确定因素对经营与发展的影响最小
AA	短期债务支付能力和长期债务的偿还能力很强；经营处于良性循环状态，不确定因素对经营与发展的影响很小
A	短期债务支付能力和长期债务偿还能力较强；企业经营处于良性循环状态，未来经营与发展易受企业内外部不确定因素的影响，盈利能力和偿债能力会产生波动
BBB	短期债务支付能力和长期债务偿还能力一般，目前对本息的保障尚属适当；企业经营处于良性循环状态，未来经营与发展受企业内外部不确定因素的影响，盈利能力和偿债能力会有较大波动，约定的条件可能不足以保障本息的安全
BB	短期债务支付能力和长期债务偿还能力较弱；企业经营与发展状况不佳，支付能力不稳定，有一定风险
B	短期债务支付能力和长期债务偿还能力较差；受内外不确定因素的影响，企业经营较困难，支付能力具有较大的不确定性，风险较大
CCC	短期债务支付能力和长期债务偿还能力很差；受内外不确定因素的影响，企业经营困难，支付能力很困难，风险很大
CC	短期债务支付能力和长期债务偿还能力严重不足；经营状况差，促使企业经营及发展走向良性循环状态的内外部因素很少，风险极大
C	短期债务支付困难，长期债务偿还能力极差；企业经营状况一直不好，基本处于恶性循环状态，促使企业经营及发展走向良性循环状态的内外部因素极少，企业濒临破产

2.商业银行评级办法

商业银行客户信用评级，首先是将人民银行提出的评级指标体系具体化，根据各自发展战略、客户群体特征确定评价要素、指标定义和计算公式。然后进行指标量化，规定指标权重以及各项指标的标准值和标准分（见表3-2），从而构建各自的信用风险评级模型和应用系统。

银行客户评级实际操作，是将企业征信采集信息，包括信用记录、财务报表等资料经过整理加工、专业分析，导入评级应用系统，直接给出评级结果。各项指标评价得分合计数与等级符号的对应关系是AAA级≥90分，AA级75～89分，A级60～74分，BBB级45～59分，BB级30～44分，B级＜30分。CCC以下3个等级属于银行拒绝风险等级，没有评价分数。

表3-2　　　　　商业银行企业信用评价指标体系

指标名称		计算方法	标准值	标准分
一、偿债能力				**30**
1	资产负债率	负债总额／资产总额	50%	10
2	流动比率	流动资产／流动负债	150%	8
3	速动比率	速动资产／流动负债	100%	6
4	利息保障倍数	（利润+财务费用）／财务费用	300%	3
5	连带负债比率	或有负债／净资产	＜30%	3
二、盈利能力				**25**
1	主营业务利润率	主营业务利润／销售收入	20%	8
2	总资产报酬率	利润总额／总资产	10%	4
3	净资产收益率	净利润／平均净资产	12%	5
4	销售收入增长率	3年平均增长率	10%	4
5	净利润增长率	3年平均增长率	10%	4

续 表

指标名称		计算方法	标准值	标准分
三、营运能力				**20**
1	现金净流量	现金净流入	>0	5
2	经营性净现金流	现金净流入	>0	5
3	应收账款周转率	销售收入/应收账款平均余额	400%	5
4	存货周转率	销售成本/存货平均余额	300%	5
四、发展潜力				**10**
1	固定资产净值率	固定资产净值/原值	65%	4
2	无形资产比率	无形资产/所有者权益	30%	3
3	发展规划	近远期规划目标及实施条件		3
五、履约能力				**15**
1	本行履约记录	无展期及不良记录		3
2	他行履约记录	无不良记录		2
3	本行结算比例	在本行结算流水占结算总量比例	>50%	5
4	本行日均存款	在本行日均存款余额占比	>20%	5
评价分数合计				**100**

授信、贷款两码事儿

授信是商业银行根据对企业信用评级、财务状况偿债能力的综合评价，确定企业在一定期限内可以使用的信用额度。既是银行对企业在一定期限内提供资金支持的承诺，又是对企业在经济活动中向第三方做出的信用保证。

1.授信与贷款的区别

很多人将授信与贷款混为一谈，其实并不是一回事儿。

首先是内涵不同，授信是包括贷款、贸易融资、票据融资、法人账户透支、各项垫款等信贷融资，以及票据承兑、开出信用证、备用信用证、信用证保兑、保函、保理、保证和贷款承诺等非信贷融资，涉及银行表内表外授信业务的风险控制总概念。而贷款是授信总额若干项目的其中一项。贷款属于授信，但不等于授信。

其次是逻辑顺序不同，先有授信而后才有贷款，贷款是根据单项授信额度的用信行为。

最后是执行主体不同，授信属于银行内部工作，单方完成，责任自负；而授信施行——包括贷款和其他用信行为，须由授信方（银行）与受信方（企业）共同完成，双方均需按照合同约定，履行义务和承担责任。

2.授信制度框架

我国商业银行授信制度起始于亚洲金融危机之后，随着金融体制改革，信贷计划管理和额度控制遭到淘汰，授信管理作为银行内控机制的重要措施开始引入。1999年中国人民银行发布《商业银行实施统一授信制度指引》，建立了以统一授信为基础的授信制度框架。

统一授信是指商业银行对单一企业客户授信管理实行"四统一"管控的制度设计，即授信主体统一；授信形式统一，表内外业务实行一揽子授信；本外币授信统一；授信对象统一。同时规定，商业银行对每个企业法人客户应确定一个最高授信额度，不允许超越授信额度办理业务。在最高授信额度下，授信执行仍实行逐笔审批。授信额度审批部门与执行部门相互独立、分清责任，形成健全的内部制约机制。

按照央行规定，商业银行普遍建立了专职授信管理部门。按照银行内部经营线划分，授信居于前台公司业务与后台信用审批之间，俗称"中台"，按风险控制线划分，是商业银行防范体系的第二道屏障。

综合授信是商业银行依据企业信用风险和财务状况综合评估，确定授予的各种信用的总量，也称最高授信额度。综合授信是表内外信用产品的一揽子授信，分项授信额度的总和。

分项授信是综合授信的对称，指商业银行根据对企业综合评估以及企业经营需要，就一项具体信用产品授予企业的信用额度。例如营运资金贷款授信、法人账户透支授信、信用证授信、保理授信等。

3.授信额度核定

授信额度核定是授信管理的基础。根据中国人民银行关于授信额度核定的原则要求，商业银行综合信用评级和风险管理风控线建设数据，构建各自的风险分析评估模型，采取定性与定量分析相结合的方法核定企业授信额度。下面是一家银行授信额度核定办法实例：

××银行综合授信额度核定办法

企业综合评估符合条件，初测综合授信最高限额3种方法：

一是最大负债能力估算法，例如授信额度最高不超过受信人账面总资产的75%或不大于所有者权益的3倍等。

二是多因素最小取值法，即按不同分析和测算口径列出6种授信额度参考值，取其中最小一项决定。6项因素包括企业申报信用额度、企业正常结算所需信用额度、企业能够偿还的信用额度、依法合规允许的最大信用额度、本行信贷政策和组合限额能够给予企业的最大信用额度、与企业建立或保持良好关系所需的信用额度。

三是分项授信综合法，即先核定分项授信额度，经过汇总平衡拟定最高授信额度，最后用最大负债估算额进行评估调整。

分项授信额度核定办法

分项授信额度核定一般是在综合授信总控额度内，参考企业申请分项授信意见，具体分析结算支付方式和需求特点，结合企业财务分析法确定：

（1）短期贷款（含打包贷款）授信额度不超过企业有效资产乘以上期末资产负债率的50%。

（2）长期贷款授信额度不超过项目固定资产投资的65%～70%。

（3）贴现授信、1年期以内进口信用证业务视同短期贷款授信管理，纳入短期贷款授信额度之内。

（4）单位信用卡透支授信额度不得超过该信用卡章程规定限额。

（5）票据承兑授信额度不超过上期购进物料总额的30%。

（6）国内信用证、国内担保业务授信视同承兑授信管理，纳入承兑授信额度之内。

（7）对外借款担保、融资租赁担保、补偿贸易项下现汇履约担保、透支担保、1年以上延期付款担保、远期信用证业务授信视同长期贷款管理，纳入长期贷款额度之内。

（8）货物贸易项下履约担保业务授信根据贸易合同和客户履约能力核定。

（9）进口押汇、出口押汇、担保提货业务授信根据信用证余额核定。

4.银行授信流程

银行对企业授信一般经过授信申请、银行受理，授信调查、授信审批、签订合同、授信执行、授信管理和授信收回等程序，与贷款审批流程基本一致。

企业需要注意的是，由于各家银行授信管理机制存在一定差异，对于企业授信受理条件有着不同的规定，例如有的要求企业必须具备2个以上会计年度财务报表，有的银行要求客户信用评级A以上企业方可申请授信。

三、贷款规矩不可违

银行贷款基本规则

银行贷款基本规则是各类银行依法合规开展信贷业务必须遵从的一般准则。包括《商业银行法》《贷款通则》和"三个办法一个指引"等法规文件关于银行信贷方面的制度安排。

《贷款通则》于1996年颁布，是依据我国第一部商业银行法制定，用以规范商业银行信贷业务的行政法规，曾经被奉为银行贷款的铁律。其中对于企业申请银行贷款规定了8个"不得"：不得在一家银行同一辖区内的两个或两个以上同级分支机构取得贷款；不得向银行提供虚假的或者隐瞒重要事实的资产负债表、损益表等；不得用贷款从事股本权益性投资；不得用贷款在有价证券、期货等方面从事投机经营；不得用贷款经营房地产业务（依法取得经营房地产资格的企业除外）；不得套取贷款用于借贷牟取非法收入；不得违反国家外汇管理规定使用外币贷款；不得采取欺诈手段骗取贷款。

随着金融市场改革进程，《贷款通则》有些条款已不适应市场格局的变化，但8项规定主要内容至今仍然有效，并已载入新版《商业银行法》有关条文中。银行业内人士一直呼吁新的贷款通则出台。

"三个办法一个指引"是在2009年全球金融危机的背景下，为抵御金融风险冲击，补充《贷款通则》不适应改革要求的内容，中国银监会相继发布

《固定资产贷款管理暂行办法》《项目融资业务指引》《流动资金贷款管理暂行办法》和《个人贷款管理暂行办法》，对商业银行4大类贷款业务所做的合规性制度安排，俗称"贷款新规"，提出贷款管理5项原则：

（1）全流程管理原则。实行贷款的全流程管理，实现贷款管理模式由粗放型向精细化的转变，提高贷款发放质量，提升信贷管理的精细化水平。

（2）诚信申贷原则。贷款人应对借款人提供申请材料的方式和具体内容提出要求，并要求借款人恪守诚实守信的原则，承诺所提供材料真实、完整、有效。

（3）协议承诺原则。贷款人在合同或协议中应对控制贷款风险有重要作用的内容与借款人进行约定，使贷款人通过合同来控制贷款风险。即强调合同或协议的有效管理，强化贷款风险要点的控制，有助于营造良好的信用环境。

（4）实贷实付原则。贷款审批通过后，由贷款人按合同约定，通过借款人账户直接即时划至借款人交易对手。

（5）贷后管理原则。加强贷后管理，提升信贷管理质量。要求加强贷后风险控制和建立预警机制，强调企业动态监测，包括对企业账户管理，抵、质押物价值动态监测和重估。

银行贷款一般流程

根据贷款基本规则，商业银行授信和贷款业务流程一般分为6阶段进行。

1.贷款受理与调查阶段

第一步企业申请。贷款申请需以书面形式提出，填写贷款申请书，陈述企业生产经营情况、财务状况、融资需求、筹资方案、贷款运用效应分析、填列借款用途、请求贷款品种、额度、期限、用款计划、还款来源、担保条件等。

第二步银行受理。银行前台根据企业申请，初步审查贷款条件，确定是否受理。审查材料包括：企业法人营业执照和年检合格证明，组织机构代码证书；法定代表人身份证明及必要的个人信息；企业近3年经审计的资产负债表、损益表、权益变动表（成立不足3年的提交自成立以来年度报表和当年最近一个季末财务报表）；对外担保清单和本年度及最近月份存、借款情况；税务登记书和年检合格的证明，近两年纳税资料；本行开户资料，董事会成员、主要经营负责人、财务负责人名单；公司章程；如为三资企业，提交商务部批准证书、合同、章程及有关批复文件；提供董事会同意申请授信业务的决议、文件或具有同等法律效力的文件或证明，集团企业授权法人企业提交上级单位的借款授权书；企业近期销货记录，年度和近年营运计划及现金流量预测；申请固定资产等投资项目贷款，需按投融资管理法规，提交相关核准文件、项目评价文件、可行性研究等。

第三步尽职调查。查验企业提供的各种证件、资料、报表是否齐备、真实、符合要求。然后采取现场与非现场相结合的方式，通过企业经营和财务状况核查，内部评级和往来业务核查、征信记录核查，形成尽职调查报告。尽职调查的主要内容：

（1）企业基本情况。包括企业性质、隶属关系、组织形式、治理结构、决策和内控机制；法定代表人和经营管理团队的资历、品行、诚信意识；企业经营范围、主营业务、市场地位、生产和技术特征、品牌形象；企业发展规划、投融资计划、融资结构及其对申请贷款的影响；企业关联方及关联交易情况；企业的行业和产业背景、周期波动、国家政策、同业竞争态势等。

（2）财务状况。企业财务评价相关指标的核实，应收账款、往来账款、在产品、存货等科目确认；成本核算、折旧摊销政策和会计处理方法；企业营运资金总需求和现有债务融资情况；贷款具体用途及相关交易对手资金占用情况；生产经营产生的现金流、投资收益和营业外收入，还款计划及还款来源情况。

（3）担保情况。企业提供有第二还款来源的，核实担保方式。抵押（质押）担保的担保品品名、法定权属、估值依据、可变现性；保证担保的保证人资格、代偿能力和担保责任等情况。

2.风险评价阶段

银行前台部门完成调查后，提交中台风险控制线进行风险评价，主要步骤是：

（1）信用评级。包括查询全国征信系统，核查企业获得他行授信、贷款、履约情况和信用评级情况；按照客户信用评级规定对未评级企业进行评级，已有内部评级的企业，结合存量贷款风险评级，本笔贷款进行债项评级。根据前台提交的尽职调查报告，进行信用等级复核，并提出测评报告，分析揭示借款企业的财务风险、经营风险、市场风险，提出风险防范措施。

（2）授信复核。查询其综合授信、分项授信额度及使用情况，企业申请调整分项授信的，按规定办法和条件提出调整安排。

3.贷款审批阶段

中台风险评价完成后，连同前台尽职调查，三方分别将调查报告和企业申请材料，风险评价和授信安排报告移送后台信贷审查部门，提交贷款审批。

（1）贷款审查。按照贷审分离原则，信贷审查部门独立对企业申请贷款进行程序性和实质性审查。审查内容包括基本要素审查：借款企业及担保人的有关资料是否齐备、真实、符合规定条件。主体资格审查：借款人（及担保人）主体资格、产权关系是否明晰，信用记录是否良好，偿债能力是否充分，企业和法定代表人有无禁止、限制、暂缓授信的不良记录。贷政策审查：贷款用途是否合法合规、符合国家产业政策，贷款额度、期限、支付、利率是否符合本行业务规则。信贷风险审查：信贷业务内部运作程序、分析评价是否合规合格，内部信用评级、授信评价与贷款调查结论是否一致，风险是否控制在本行可接受范围之内。担保措施是否落实。后台审查部门审查通过后，形成贷款审查报告，提出审查结论和有关问题的限制性条款。

（2）信贷审查委员会审批。贷审会是集中风控、经营两条线，以及法律、财务和金融分析各路专家，承担授信业务集中会审的辅助决策机构。经过会审评议，最后以投票表决方式做出同意、不同意或复议的审批意见。贷审会议表决"同意"的经常会附带若干限制条件；表决"复议"的一般指需要补充调查、厘清疑问后重新上会审查的项目。

（3）专职审批人签批。贷审会审批意见转入授权体系，贷款超过本级行授权范围的报上级行审批；属于本级行授权范围内的，报专职审批人（或主管行长）终审签批。然后正式行文通知各有关单位执行。

4.合同签订阶段

贷款审批生效后，执行业务返回公司业务前台。由前台通知企业进入合同签订阶段。本阶段工作程序包括：

（1）落实贷前条件。贷审会审批意见有附加条件，需由企业先行落实的，在签订合同前办理完毕。按照贷款管理五项原则，由企业制定用款计划，提交设备、原辅材料、工程承包等主要交易对手名单、交易合同等，以便银行监督支付。

（2）约定支付管理。包括支付方式约定，一般区别企业信用等级，信用优良（比如A级以上）的可采取自主支付；信用等级一般（比如BBB级以下，或首次贷款、固定资产贷款）和单笔付款限额以上的采取委托支付；支付条件约定，委托支付的交验发票、发运单证、入库单等；同时约定支付方式变更和触发条件。

（3）签订合同。银行与企业正式签订借款合同，除了交易条件和权责归属等核心条款，还要约定企业对银行的承诺，包括就本笔贷款提供的有关资料真实、完整、有效，配合银行进行贷款支付、贷后管理及相关检查，对外投资或增加债务融资以及进行合并、分立、股权转让等重大事项须征得银行同意，企业发生影响偿债能力的不利事项应及时通知银行等。

（4）落实担保条件。采取质押担保的，取得质押权人权利凭证，办理质押品封存或登记锁定；采取不动产等抵押担保的，取得他项权证；采取保证担保的，取得担保人出具保函，或与借款企业、担保人三方签订协议。

5.贷款发放与支付

贷款发放一般由前台业务部门确认贷款全部法律文件齐备、企业满足贷前条件和合同约定支付方式后，填写授信业务报告单，贷款指标通知单，分送风险管理、授信管理和计财、会计等部门。财会部门审核无误后，办理提款、转存手续，划入企业在本行开立的存款账户。至此贷款全部流程完结，转入贷后管理阶段。

贷款发放后，登录借款企业（和担保人）台账，并上传人民银行信贷登记和中央征信系统。同时通知有关部门，按监督支付约定，监督资金的提取使用。

6.贷后管理阶段

贷款发放是本笔信贷手续的结束，又是贷后跟踪服务、监测资金运用和风险管理的开始，主要工作是：

（1）跟踪监测。通过委托支付、账户资金流入流出，监测资金使用，经营业务和收支升降，发现贷款流向或货款归行率出现异常的，及时报告并与企业补充协议。调整贷款发放和支付条件：连续监测、评估贷款品种、额度、期限与借款人经营状况、还款能力的匹配情况，发现问题主动采取措施进行调整，帮助企业信用处于良好状态。掌握借款人大额融资、资产出售以及兼并、分立、股份制改造、破产清算等活动，关注借款人经营、管理及管理层人事变动等各类信息。发现企业经营状况、财务及资金流向发生重大预警信号，采取追加担保、提前收贷等有效措施防范化解贷款风险。

（2）贷款到期回收。贷款期限截止日前，银行提前15天向企业发出贷款到期通知书，提示企业归还贷款。贷款到期时，通知企业会同本行会计部门办理还本付息手续；根据结清手续，登录人民银行信贷登记系统，录入企业还贷和解除担保信息；协助企业办理撤销担保登记手续，解除质押、抵押，退还质押、抵押物权利凭证。

（3）不良贷款处置。贷款到期未能按期回收形成不良贷款的，根据风险分类，移交资产保全部门进行专门管理，制定清收处置方案。因暂时经营困难无法按期归还的，与企业协商通过债务重组，或通过第二还款来源清收。不良贷款确定为损失的，对债务人依法继续追索，或对不良资产进行市场化处置。

四、借款合同仔细看

银行通过贷款审批，与企业正式签订借款合同，确立债权债务法律关系。借款合同书采用银行制作的格式文本，合同核心条款包括借款币种、金额、期限、利率、资金用途、还款来源、担保措施、违约责任和特别约定条款等。根据合同法和现行信贷政策，其中有些条款允许有所浮动，应由借贷双方协商确定，例如借款金额、期限、利率、提取和还款方式等。这些条款对于企业融资成本、负债结构、期限匹配有直接影响，企业应特别注意这些条款的含义，在协商过程中争取有利条件。

1.借款金额

银行贷款额度核定主要考虑企业净资产、偿债能力和担保措施3大因素，其中企业净资产是主要参数指标。那么企业在上年分配时就要考虑下年经营增长和融资需要，将可分配利润暂不分配，增加留存收益和净资产基数。并且在银行核定下年度综合授信前就要主动反映企业需求，争取比较宽松的贷款品种和分项授信。小微企业没有获得银行授信的，一般只能申请抵押贷款，例如不动产抵押贷款，不动产评估价值和抵押率对融资额度都有直接影响，应主动配合，争取有利条件。

2.借款期限

借款期限是指从借款合同约定计息日起算，到最后一笔借款本金和利息结清日的持续时间。企业对于借款期限选择重点考虑因素有两点：一是还款时间与届时现金流入是否匹配，防止发生收支脱节乃至资金链断裂；二是目前债务结构是否合理，如果流动负债占比正常，可选择短期贷款。如果流动负债占比过高，则应争取中长期贷款；小微企业很难获得银行中长期贷款，但个人金融经营贷是个例外，贷款期限可以放到5年甚至20年。

3.借款利率

企业对贷款利率条款要特别注意两点：

（1）利率模式选择。利率市场化改革后，贷款利率参照标准由原来中国人民银行定期公布基准利率，改为LPR即贷款市场报价利率。2019年8月20日起，每月发布LPR。央行要求从2020年起新增浮动利率贷款全部锚定LPR，贷款利率采取"LPR+浮动点数"模式。企业贷款可以自愿选择固定利率或浮动利率。固定利率是借贷双方参考LPR商定一个利率，在贷款期限内始终不变。浮动利率随着每年LPR报价上下浮动，随行就市。两种利率各有优缺点，需要结合自身财务结构、贷款金额、贷款期限，特别是预见市场利率走势进行选择。如果为1年期以下短期贷款，只能采取固定利率。如果是中长期贷款，鉴于宏观经济面走软、可预见未来难改利率下行走势，一般认为选择浮动利率比较有利。

（2）特别注意隐形利率。即在合同中除明码标价之外，以委托支付、财务顾问、授信安排等各种名目的价外收费，以及保底存款、扣收利息、购买理财产品等变相收费。这些收费是银保监会"两禁两限"政策明令禁止的，企业有权抵制和举报。

4.提款和还款方式。目前银行对企业贷款的提款和收回方式一般有6种，企业应根据贷款不同品种，不同提款和还款方式的财务费用、还款压力等因素加以选择。

（1）逐笔申请，逐笔核贷，到期收回，指标周转使用。这种方法一般适用于短期周转性贷款。如工业企业的营运资金贷款、商业企业的周转贷款、物资供销贷款等。

（2）一次申请，集中审核，定期调整，不加指标限制。适用于企业销售货物在途资金占用较多，向银行一次性申请结算贷款后，由银行根据结算和托收金额定期调整贷款额度。

（3）逐笔申请，逐笔核贷，到期收回，贷款指标一次性使用。适用于具有专项用途的贷款，如技术改造贷款等。

（4）一次申请，进贷销还，不定期限，周转使用。适用于工商企业营运资金贷款。由银行根据企业经营状况、购销业务的资金周转情况，核定贷款额度，企业可以在核定额度内周转使用。

（5）一次申请，一次发放，分期提款和付息，到期归还本息。适用于企业技术改造等固定资产贷款。这种贷款属于长期贷款，贷款按项目授信和审批，贷款一笔发放，企业根据工程进度提款，分期支付利息，贷款到期时归还全部本金和最后一笔利息。

（6）一次申请，一次发放，等额本息还款。适用于小微企业个企经营贷款，这种贷款可以是3年以上长期贷款，银行按房地产评估价值核定贷款额度，还款方式从贷款发放之日起每个月以相等的金额偿还贷款的本金和利息。这种还款方式金额固定，还款压力均匀，方便小微企业财务管理。同类贷款还有等额本金还款等。

沙盘推演——用活融资杠杆

一、推演导则

实训目标：

帮助企业了解银行贷款的经营逻辑和审批要件，企业信用评级方法及其与授信、贷款的关系，理解建立资本金补充机制的重要性，充分利用财务杠杆，扩大债务融资能力。同时以现金流运行为主线，帮助企业家掌握财务报表使用和主要指标管控。

讲授知识点：

1.商业银行信贷审批程序和条件；

2.银行对企业评级授信办法，客户信用评级指标体系，评级符号和含义，理解运营能力（存货和应收账款）指标对其他指标和融资能力的影响；

3.授信额度核定与企业净资产的关系，企业融资杠杆运用；

4.企业资本金补充机制的含义和作用，净资产补充与经营绩效和分配政策的关系。

推演任务：

根据财务报表给出的企业上年度经营数据，制订本年度经营计划，按计划进行融资决策，经过一轮营运资金贷款——生产经营过程，使企业净资产增长50%，显著提升融资杠杆效率。

推演套件：

1.信贷市场沙盘盘面（如图3-1）

2.资产负债表（如表3-3）

3.损益表（如表3-4）

4.扑克牌（企业四种产品）（如图3-2）

5.现金代币筹码（1套）（如图3-3）

图3-1 信贷市场沙盘盘面

表3-3   **资产负债表**

科 目	期初数	变动数	期末数	科 目	期初数	变动数	期末数
流动资产	58			负债	60		
货币资金	12			短期借款	25		
交易性金融资产	10			应付账款	15		
应收账款	18			应缴税金	2		
存货	15			长期借款	18		
其他	3			股东权益	40		
非流动资产	42			实收资本	30		
固定资产	22			资本公积	5		
固定资产折旧	6			盈余公积	—		
权益资产	20			未分配利润	5		
资产总额	100			负债和股东权益	100		

表3-4   **损益表**

科目	上期数	本期发生数	年度结算数
营业收入	150		
减：产品成本	−70		
毛利总额	80		
减：销售费用	−25	25+	
减：管理费用	−28	（28）	
减：财务费用	−7	7+	
利润总额	20		
减：所得税	−5		
营外收支净额	—		
净利润	15		

图3-2 扑克牌（企业四种产品）

图3-3 现金代币筹码（1套）

二、推演流程

第一环节　营运资金融资

推演导语： 本轮推演用案例企业财务报表（如表3-3、表3-4）给出资料进行操作。企业度过初创期，开始进入成长期，市场逐步扩大，业务和营收快速增长，营运资金需求水涨船高。在此过程中，企业与开户银行的业务合作相应增加，积累了一定的信用，具备了申请银行授信的条件，可以利用银行流动资金贷款各种产品，支持企业高速发展。

根据企业发展战略，安排当年净资产增长50%。完成这个目标，需要增产促销、增收节支多措并举。初步测算，如果销售收入增长30%~35%，加上分配政策配合，就可以完成预定目标。

按照年度生产经营计划。根据预算，购入原辅材料需要现金20个，（为推演计算方便，报表数据采取无计量单位方式）。资产负债表（如表3-3）账面库存现金只有12个，无法支持经营目标实现，需要进行外部融资。

外部融资需求额度，除了满足经营计划所需资金，还要考虑日常开支需要，以及合理的现金比率来计算融资额度。市场现有外部融资渠道分别是：

- 商业银行贷款，贷款额度一般为净资产的50%，融资成本10%，担保费用5%；

- 网络小贷和P2P，融资成本15%，担保费用相同；

- 典当或过桥资金，融资成本30%，担保费用相同。

学员操作指引

◆ 操作任务：制订营运资金融资方案。

◆ 按表3-3资产负债表"货币资金"账面数，在盘面上"现金"处放置12个现金，以下融资操作和销售产品的现金收支均以现金筹码在盘面上增减记录。

◆ 根据年度经营计划和合理现金比率（不小于20%），确定外部融资总额，即向银行申请授信和贷款额度或在草根金融市场融资额。

◆ 操作用时10分钟。

扫描二维码获取标准答案

第二环节　银行贷款操作

推演导语：企业能否从银行获得贷款，先要通过信用评级。银行信用评级叫作客户信用评级，或称内部信用评级。按照贷款规则，通过信用评级（一般规定A以上）方可核定授信额度，有了授信额度才能申请贷款。

中国人民银行2006年发布《信用评级管理指导意见》，将企业信用等级评定划分为三等九级。由于CCC级定义为"风险很大"，CCC以下3个评级没有意义，所以表3-5只列出6个等级。等级符号和含义如表3-5（对应分数为某商业银行内部规定）：

表3-5 　　　　　　　　**等级符号和含义**

等级	含义	分数
AAA	短期债务支付能力和长期债务偿还能力具有最大保障；经营处于良性循环状态，不确定因素对经营与发展的影响最小	≥90
AA	偿债能力很强，经营处于良性循环状态，不确定因素影响很小	75～90
A	偿债能力较强，经营处于良性循环状态，易受外部不确定因素影响	60～75
BBB	偿债能力一般，经营处于良性循环状态，外部不确定因素影响较大	45～60
BB	偿债能力较弱，经营发展状态不佳，支付能力不稳定	30～45
B	偿债能力较差，经营困难，内外部不确定因素影响支付能力	<30

每个等级含义各用3句话表述，概括起来有3个关键词：偿债能力、经营状态、不确定因素的影响。并相应提出企业信用评级指标体系，包括偿债能力、盈利能力、经营能力、发展潜力、履约情况和企业素质5个方面20多项指标，但没有给出评价量化标准，而是交由商业银行自定细则、自建标准、自行开展客户信用评级。

商业银行客户评级实际操作，首先是根据各自发展战略、客户群体特征和信贷政策，将中国人民银行提出的5类指标转化为评级指标体系，并确定指标定义、评价要素和计算公式。然后进行指标量化，规定指标权重，以及各项指标的标准值和标准分（如表3-2），从而构建各自的信用风险评级模型和应用系统。

指标评价打分方法是，先用企业某项指标的标志值除以该项指标的标准值（反向指标取倒数），算出该指标完成比率，再乘以该指标标准分，即为评价得分。例如资产负债率标准值为50%，标准分10分。案例企业资产负债率标志值为60%，60%除以50%取倒数为0.833，乘以标准分10等于8.3分，即为该企业资产负债率指标的评价得分。最后用各项指标评价总分，对应信用评级符号，就是对某企业的信用评级。

实际上，这套评价办法是银行处理授信、贷款业务，包括前台受理、中台风控、后台审批全程通用的评估方法，所不同的是各自从专业角度分析、解读指标质量与动向预测。但是第一步，先要通过信用评级，才能迈进银行的门槛。

本轮推演第一步，通过案例企业信用评级实际操作，体验评级过程。为方便计算，盘面上（如图3-1）对评级指标做了简化处理，评价指标体系的四个能力，各选择一个代表性指标进行计算：

· 偿债能力，以资产负债率为代表指标，标准值为50%，标准分为30分。

· 运营能力，选择应收账款和存货两项指标，可以概括反映企业经营能力，即产品能不能卖出去，钱能不能收回来，直接反映现金流表现，并对企业偿债能力，盈利能力和发展潜力具有决定作用。应收账款和存货指标一般按年度周转次数计算。为简化操作，这里将两项指标合计不大于营业收入的20%作为标准值，标准分为40分。

· 盈利能力，选择净资产收益率为代表指标，综合反映企业投入资金回报水平，按社会折现率12%为标准，标准分为20分。

· 发展潜力，选择固定资产新度系数为代表，标准值65%，标准分为10分。

学员操作指引

◆ 操作任务：根据财务报表（如表3-3，3-4）资料，运用商业银行企业客户信用评级打分办法，评级打分办法，计算确定企业信用评级。

◆ 先计算各项指标评价得分，用四项指标合计分数对照评级分数区间，找到对应等级符号，即为案例企业信用评级。

◆ 操作用时30分钟。

扫描二维码获取标准答案

推演导语： 上步操作结果，企业信用评级为A级，符合授信条件。解决了贷不贷问题，下一步贷多少，则要看授信核定结果。

按照此项贷款用途，属于营运资金贷款，从企业需求角度，银监会流动资金贷款管理办法规定的营运资金贷款计算公式为：

营运资金需求量=上年销售收入×（1−销售利润率）

×（1+本年销售增长率）/营运资金周转次数

代入财报数据（上年营运资金周转次数为4次）

=150×（1−20/150）×135%/4=44

现有营运资金=流动资产58−流动负债（25+15+2）=16

营运资金缺口=44−16=28

从银行风控角度，授信控制额度为净资产的50%左右，营运资金贷款最高允许放宽到75%，核定营运资金分项授信额度28符合风控标准（28/40=70%），通过授信和贷款审批。

学员操作指引

◆ 操作任务：进行营运资金贷款。

◆ 各组讨论确定贷款额度，提出贷款申请。

◆ 贷款申请通过审批，贷款附加条件：信用评级AA级以下不能获得信用贷款，需要担保或保险增信。

◆ 企业按照贷款批准额度，在盘面现金处放置筹码。

◆ 用贷款额度乘以综合费率计算融资费用，用贷款额度乘以担保费率计算增信费用，四舍五入填写在盘面"财务费用"处。

◆ 操作用时20分钟。

扫描二维码获取标准答案

第三环节 生产经营策略

推演导语： 融资操作完成，进入生产和销售环节。本环节也分两个步骤进行。

第一步产品决策：企业经营决策主要体现在物料采购和产品销售两个方面，生产计划主要取决于市场需求，而且生产工序包括在产品、半产品、产成品，用分步法核算成本比较复杂。所以本环节推演省略生产过程，直接用物料采购资金兑换产品。这里我们用扑克牌代表4种产品，4种产品的售价、毛利和兑换比例分别是：

A产品（黑桃）　　售价6　　毛利4　　现金兑换比例1∶1

B产品（红桃）　　售价5　　毛利3　　现金兑换比例1∶2

C产品（方片）　　售价4　　毛利2　　现金兑换比例1∶3

D产品（梅花）　　售价3　　毛利1　　现金兑换比例1∶4

学员操作指引

◆ 操作任务：根据经营计划决定生产投入现金和兑换产品品种、数量。

◆ 首先确定采购物料投入现金数，从"现金"处取出投入现金，放置在"购进物料"区。

◆ 根据四种产品售价、毛利和市场供求预测，讨论决定投入现金和兑换产品品种、数量。

◆ 出市代表上场用现金兑换产品，放在盘面"存货"处，准备竞拍销售。

◆ 操作用时15分钟。

扫描二维码获取标准答案

推演导语： 第二步销售决策：产品销售采取订货会竞价销售方式，竞拍成交。销售策略不仅决定年度经营目标实现，而且可能影响企业信用评级。

竞拍规则

1.系统自动生成订单，以投影随机报单（或由导师用另一花色扑克牌随机抽取报单）。系统报单后只有一方应单，默认按原价成交。

2.有两组以上应单的进入竞拍模式，竞拍优先顺序依次是：

（1）增加销售费用，加大广告和赠品促销力度。增加销售费用最高的中标；

（2）降价促销，降价幅度每个台阶10%，降价幅度最大者中标；

（3）赊销，账期12个月。

3.现场报单完毕，销售结束，各组未售出产品列为存货。（说明：竞拍过程中不许销售原有存货，因为存货价值系按成本计价入账，且分不出产品种类。如果销售需通过抵押融资加以变现，用现金兑换产品，才能进行销售。）

学员操作指引

◆ 操作任务：竞拍销售产品。

◆ 开始竞拍。现场报单后，各组BOSS决定是否应单，以及应单品种、竞价策略。

◆ 竞拍成功，现金销售的，按成交价兑换现金，放在盘面"现金"处；赊销成功的，按成交价在"应收账款"处如数填写。

◆ 竞拍过程决定增加销售费用促销的，按自报增加费用数在"销售费用"处如数填写。

◆ 订单出清，没有售出的产品作为存货增加，按新增存货乘以成本2在"存货"处如数填写。

◆ 操作用时30分钟。

扫描二维码获取标准答案

第四环节 检验经营成果

推演导语： 经过一轮生产经营，年终检验经营成果。现在通过会计核算，考核各单位经营目标完成情况。分三步进行：

第一步，盘点经营业绩。统计现金收入，盘点资产变动和费用开支，做到账实相符。

学员操作指引

◆ 操作任务：盘点资产，准备年终结算。

◆ 统计归集盘面现金，还原期初库存现金、融资流入现金和销售收入现金。

◆ 盘点复核盘面资产类、费用类科目本期发生数，并汇总记录。

◆ 操作用时5分钟。

扫描二维码获取标准答案

推演导语： 第二步核算损益表。损益表是集中反映年度经营业绩的报表，资产负债表很多科目数据要由损益表提供，因而核算在先。损益表核算方法就像剥洋葱，在表3-4上从营业收入总额开始，成本费用一层层往下剥，最后剩下的洋葱芯就是净利润。

学员操作指引

◆ 操作任务：对照盘面记录，完成损益表核算。

◆ 在损益表（表3-4）"营业收入"栏，按盘面现金总数扣除期初库存现金、融入资金，加上采购物料投入现金的合计数填写。

◆ "销售成本"按销售产品数乘以单位成本2填写，同时在盘面"现金"处按销售成本总额，减去现金筹码。

◆ "毛利额"等于营业收入减销售成本，按差数填写。

◆ "销售费用"按上期数加盘面增加数填写，同时按合计数减现金筹码。

◆ "管理费用"本期无新增，按上期数填写，同时如数减现金筹码。

◆ "财务费用"按上期数加盘面增加数填写，同时按合计数减现金筹码。

◆ "利润总额"等于毛利额减销售费用、管理费用、财务费用，按差数填写。

◆ "所得税"按利润总额乘以25%税率填写，同时从在盘面"应缴税金"处如数填写。

◆ "净利润"等于利润总额减所得税，按差数填写。

◆ 操作用时20分钟。

扫描二维码获取标准答案

推演导语： 第三步核算资产负债表。核算顺序是先计算（如表3-5）上的本期变动数。填写数字按照"有借必有贷，借贷必相等"的记账规则，每记一笔账就要找到对方科目再记一笔账，每个数字必须记两笔账，就像"二踢脚"一炮两响。然后将期初数加本期变动数合计为"期末数"，最后分别统计流动资产、非流动资产和资产总额，负债总额和股东权益总额，使资产负债两方完全相等。

学员操作指引

◆ 操作任务：根据损益表合算结果，并对照盘面资产、费用记录进行资产负债表核算。

◆ 资产负债表（如表3-3）"货币资金"项下本期变动数包括：

（1）银行贷款属于企业现金流入，引起货币资金增加，同时变成企业负债，在负债方"短期借款"科目填写相应金额；

（2）生产投入资金属于现金流出，引起货币资金减少，同时变成存货（原材料），在"存货"项下填写相应金额；

（3）销售收入引起现金流入，货币资金增加数按损益表核算的利润总额扣除成本费用后的净额记账。同时按损益表分配，分别在股东权益的"未分配利润"科目、负债的"应缴税金"如数填写；

（4）以上3项货币资金之和为本期变动数。

◆ "应收账款"本期增加数，对方科目应为销售收入，在损益表已有反映。但销售产品未收到现金，暂记在负债方过度科目"应付账款"项下。

◆ "存货"本期增加数＝物料采购现金+盘面未售出产品数×2，其中未售出产品引起存货增加，对方科目应为生产成本，在损益表已有反映，也记在负债方过度账户"应付账款"项下。

◆ 以上科目本期变动数加上期初数合计为"期末数"，按期末数合计资产总额、负债总额和股东权益总额，即为期末资产负债表核算结果。

◆ 资产负债表股东权益合计数即为本期净资产总额，合计数大于60的（默认股东不分红）完成预定净资产增长目标。否则视为未完成任务。

◆ 操作用时30分钟。

扫描二维码获取标准答案

推演练结果显示，只要完成预定净资产增长目标，企业融资杠杆相应增长，同时使资产负债率、流动比率、速动比率和营运资金等指标发生显著改善，能够支撑企业持续高速成长。

场景四
企业融资胜战计

M1: 融资组合初级阶段

一、融资组合方法论

融资组合全称融资工具组合运用，是指企业在融资活动中，将两种或两种以上融资工具集合起来，形成一个组合配合使用，以突破融资瓶颈，满足融资需求的策略运用※。这里的"融资工具"，按照金融服务实体经济的定义，可以理解为一类金融业务或一种金融产品。以免与"金融工具"概念发生混淆。

融资组合是个宝

融资组合对于多数人而言也许是一个新概念，但是说到投资组合、营销组合、产品组合，人们并不陌生。由此可见，组合是为了一个目的，集中相关各种工具（或物品、方法、技术等）的优势，扬长避短，相互激励，实现效能最大化的目标管理方法。类比理解，一个化学配方、一服中药处方都是一个组合。这说明，所谓组合就是一个优化组合过程，一个组合就是一个解决方案，既是解决难题的策略方法，也是一种管理智慧。

　　融资组合的提出，就是针对小微企业融资难问题，利用各种融资工具的特点和优势，以长补短，破解单个融资工具无法解决的问题，发挥叠加效应，实现融资目的。

　　企业融资难有多种表现形式，例如企业偿债能力不足，无法通过银行贷款审批；申请融资规模过大，一家机构或一种资金无法满足其需求；企业融资结构预后效应不良，营运资金不足，加大投资风险等。这些常见财务结构问题，都可以利用适当的融资组合加以化解，是破解融资难的有效手段。反过来说，融资组合不能解决的问题说明企业财务状况已恶化至无法修复程度。

　　简单的组合方法，例如利用银行流动资金贷款与草根市场过桥资金组合，防止资金链断裂；利用政策性转贷款与存量贷款组合，或利用内源融资与外部融资组合降低融资成本；利用有资产支持的贸易融资和票据融资与流动资金贷款组合，信贷融资与非信贷融资组合，扩大信用和减轻流动负债率压力；外贸企业利用打包放款和外方跟单信用证抵押组合，解决采购资金需要；利用出口押汇、福费廷和国际保理组合，提前收回货款，等等。通过组合，实现资金长短搭配、成本高低搭配、风险大小搭配，达到降低企业财务风险，增收节支的目的。

　　融资组合主要目的是解决企业融资难问题。处在初创期、成长期的企业，用一种金融机构或一种资本只服务一类企业、接力棒传递特性进行产品组合，就能获得企业全生命周期金融服务。创新型企业利用金融科技发展和混业经营趋势，采取投贷联动、夹层投资等多种融资工具组合，争取一篮子优惠金融服务，加速企业发展。

　　更高级的融资组合，是大中型绩优企业、上市公司等不存在融资难问题的企业，可以基于马科维茨投资组合理论，以综合收益指标最大化为目标函数，选择资金成本最低、融资结构最优、市场价值最大的融资组合。但这已经超出解决融资难的主题范围，只是顺带一提，意在说明融资组合对于寿命周期各阶段企业具有广阔用途。

基本融资组合方式

如前所述，融资组合是针对融资难问题提出来的。当企业因战略调整、技术改造需要大额融资，或一项重大融资难以突破信用瓶颈的时候，组合运用融资工具就是唯一出路。具体为解决方案，有两种基本组合方式，一是股债组合，二是产债组合。

1.股债组合※

即股权融资与银行贷款组合，也可以是股权融资与发行债券组合。遇有重大融资，主客观两方面都有组合需求。如果单靠股权融资，或者一次稀释股权过多，影响企业控制权，或者释放股权一定，造成融资额度不足。如果全靠银行贷款解决，可能突破最高授信额度，削弱企业偿债能力，难以通过风险评价和贷款审批。在这种情况下，先进行一轮股权融资，不仅可以改善企业财务结构，使各项指标满足信贷评价标准。而且等于增加了一道风险过滤，相应降低贷款额度，更容易通过银行贷款审批。债券市场融资也是一样，通过前期股权融资，可以直接提高按净资产计算的发债额度，还有利于提升债项评级，降低融资成本。

2.产债组合※

即产权融资与银行贷款或债券融资组合。所谓产权融资可以理解为自筹资金的升级版，但涉及资产范围有所不同。自筹资金完全立足于内部挖潜，包括将留存收益、法定公积、资本公积、固定资产折旧和无形资产摊销等企业可以自主支配的资金拿来用于投资。但自筹资金对于企业并非增量资金，而且这些资金大多处于占用状态，实际上等于改变资金用途。产权融资主要是盘活资产负债表左侧所列沉淀资产，例如将票据、信用证、可交易金融资产，应收账款、存货、权益资产、无形资产等，采取贴现、转让、挂牌等方式进行变现。或采取融资租赁、回租租赁方式从非银行金融市场获得部分融资。通过这些渠道融通资金，不仅能够直接替代贷款额度，降低银行信贷风险，而且可以在一定程度上改善财务指标，使银行贷款容易获得通过。对于争取私募债、双创债融资同样有利。

二、股权融资ABC

股权基金掰开看

股权投资基金是面向合格投资者进行不公开募集，主要投资于非上市企业股权，然后通过公司上市、并购或管理层回购等方式溢价转让，获利退出的基金形式。

1.股权投资基金类型

股权投资基金一般分为天使投资、风险投资基金（VC）、私募股权基金（PE），国外通称为私募基金，或直接股权投资基金。天使投资在第二场已做过介绍，这里重点介绍VC、PE两类基金。

VC、PE是股权投资的主流形式，管理模式和运行机制大体相同，基金成立均来自定向私募，基金管理大多采取有限合伙制，实行专业投资、专家管理，通行所有权、经营权、财务收支权"三权分立"的运营方式。但在投资目的、阶段和理念存在一定差异。

　　一是投向企业发展阶段不同。VC主要投资于科技型小微企业创业阶段，或科技成果转化项目产业化早期阶段，高风险性是其突出特征，投资成功率一般不到30%。这就决定了VC投资产业门类比较固定，并且更重视技术专家的作用。PE主要投资于科技成果产业化阶段，或具有高新技术概念，形成一定规模的成长期企业，高成长性并具备上市题材是主要选择标准。因而投资领域比较宽泛，更重视投资专家的作用。

　　二是投资规模不同。VC投资的企业大多处于初创期，融资需求相对较小，与VC分散投资原则和投资组合方法相一致，投资规模一般为千万元左右。PE投资上市前的企业，资本盘子较大，融资目的大多有股权结构调整需求，单个项目投资规模可达数千或上亿元。

　　三是投资理念不同。VC立足高风险、高收益，既可长期投资，并协助管理；也可短期投资，助推企业发展到一定阶段，在下轮融资时协议转让退出。所以一个VC投资项目往往有多轮融资、多次估值。PE投资目的主要是协助企业完成上市，然后套现退出，属于典型财务投资人，投资短期越短越好，一般不参与企业管理。

　　除了以上两种基金形式，在我国还有另外一种产业投资基金，实质是投资方向一定的母基金，也叫基金的基金（Fund of Funds，FOF）是根据国家发展战略，为了促进经济结构调整和产业升级，发挥政策导向作用的基金。一般由中央或地方政府发起并出资设立，基金管理按照"政府引导、市场运作"原则，实行双层管理体制。上层管理机构由政府有关部门组成管委会，负责子基金管理人遴选和监管。母基金作为子基金的基石投资人按一定比例出资，而不直接投入某个企业和项目。执行层由遴选中标的基金管理人承担子基金募集，采取有限合伙制组织方式，受托负责子基金投资决策和运营管理，独立承担经营后果。按照这种组织方式设立的子基金，投资方向是科技成果转化和新兴产业的，VC属性比较多。中小企业发展基金等投资方向不清晰的，PE色彩更浓。

但是，由于我国独特的市场环境，股权基金专业队伍良莠不齐，投资理念浮躁，人们对VC与PE没有明确区分，PE机构常常介入VC项目，有些VC也参与PE业务，经营业务范围比较模糊。从而使PE与VC只是一个概念上的区分，企业很难辨别其基金类型。

2.股权基金的依法设立

根据新版《证券投资基金法》，证监会于2014年授权中国证券投资基金业协会颁布《私募投资基金管理人登记和基金备案办法》（以下称为《办法》）后，股权投资基金开始步入法制轨道，初步建立起依法监管和行业自律相结合的制度框架。

（1）基金管理人登记方面。《办法》规定，纳入私募基金登记的范围，包括私募证券投资基金、私募股权投资基金（PE）、创业投资基金（VC）的管理人。原有或新设立基金管理人须在基金业协会（以下简称"中基协"）履行登记手续，通过登记和公示程序，方可开展基金管理业务。《办法》声明基金管理人登记和私募基金备案不属于行政许可，实践中未通过中基协登记，就无法进行工商注册登记，事实上相当于前置审批。

按照《办法》，基金管理人通过中基协登记的基本条件包括：私募基金管理人发起主体应是一家投资管理类公司，管理人的名称和经营范围中需包含"基金管理""资产管理""股权投资""创业投资"等字样，以便投资人识别。管理人公司可以采取有限责任制或有限合伙制，注册资本金1000万元以上，高级管理人员（总经理和合规风控负责人）最少应有２人具备私募基金从业资格。

制度建设是管理人登记的重要内容。按照中基协《私募投资基金管理人内部控制指引》，基金管理人必须制定完备的内控制度。基本制度包括股董监三会（股东会、董事会、监事会）译事规则、总经理工作职责、经营管理制度、关联交易制度、财务管理制度、行政管理制度、岗位隔离制度、保密制度等；业务管理制度包括运营风险控制制度、信息披露制度、机构内部交易记录制度、防范内幕交易制度、利益冲突的投资交易制度、合格投资者风险揭示制度、合格投资者内部审核流程及相关制度、公平交易制度、从业人员买卖证券申报制度、私募基金宣传推介等相关规范制度。

基金管理人登记程序规定，管理人依法设立，需事先委托律师事务所进行内控制度和登记信息尽职调查，出具私募基金管理人登记法律意见书，然后登录中基协基金管理人登记系统申请登记，填报资产管理业务类别、基金从业人员信息，并申请成为中基协会员。中基协审核通过，上网公示后，颁发私募基金牌照。

（2）私募基金备案方面。《办法》要求基金管理人在私募基金募集完毕之日起20个工作日内，通过中基协私募基金登记备案系统进行基金备案，填报私募基金类别，基金的主要投资方向以及基金实收金额，分期到位等基本信息，在中基协官网上予以公示。私募基金通过备案后方可申请开立证券托管账户，办理基金投资和财务收支业务。

3.股权基金选择注意事项

企业引进股权基金投资，欲求融资成功，先要做好功课。一方面是自我评估，对企业产业背景、市场地位、经营业绩、财务状况、上市计划等基本面进行主观评价，研判股权基金投资的可能性；另一方面是咨询专业人士，就融资规模、释放股权比例、估值定价进行摸底。然后有的放矢，合理选择股权基金。选择注意事项：

首先要选择靠谱的管理人。一般情况下，选择股权基金实际是选择GP即基金管理人，GP不仅决定基金投资，而且代表基金成为企业股东，所以必须谨慎选择管理人。选择首要标准，是看GP身份是否合法，访问中基协官网查询GP是否通过合法登记、当前登记状态、GP股权结构、管理组织、决策体系、专家团队和从业人员资质，以及GP所管理的基金投资情况，过往业绩和已投项目表现。在GP基本面可靠前提下，还要重点考察基金经理。因为接下来项目调查评估、投资谈判、签约以及投后管理，通常是由基金经理代表GP行使。基金经理是否专业、胜任，决定着基金投资输送企业的价值高低，以及双方合作是否顺畅。事实上，企业选择GP和基金经理不可能分开进行，而是选择GP的一个重要条件。

其次要按照自身融资目的选择基金。股权基金投资对被投企业具有4大效应：一是提供企业发展急需的资金；二是提供专业和管理咨询；三是借基金机构的影响力给企业形象加分；四是嫁接人才或市场资源。4大效应也是企业选择股权基金的4条标准，引资企业要根据自身实际情况，找准差距，列出4条标准优先顺序，包括融资目标最少应符合2条标准，满足标准越多，融资效应越大。

再者要力争公平交易。项目经过调查评估，开始进入投资洽谈，GP一般会提出包括公司估值定价、回报条件的意向性投资方案。其中关键内容一要看企业整体估值，估值水平决定每股定价，直接影响企业融资额度和出让股份比例。二要看回报要求，即所谓"风险溢价"，一般要求25%以上的投资回报率甚至更高。

企业一般缺乏投资专业人才，对于投资人要价可能心里没底，或者与企业心理价位差距较大，使谈判陷入被动。这时候，企业可以用相对估值法衡量对方出价是否合理。所谓相对估值法是绝对估值法的对称，相对估值法主要有市盈率法，P/E=每股价格/每股收益，市净率法P/B=每股价格/每股净资产。常用相对估值法有两种：

一种是可比公司法，即找到同行业同等规模和技术层次的可比公司，用可比公司上市前的估值水平为参照系进行评估。实际操作第一步是找到可比公司。在同一地区或上市公司同业板块中找到一家主营业务、资产结构、企业规模、市场环境和经营方式等尽可能相近的公司，作为估值参考。

第二步是确定比较基准。比较基准常用指标有市盈率（P/E）和市净率（P/B）。利用可比公司披露财务信息，计算每股市盈率、市净率倍数等相关指标。

第三步与投资方对本企业给出的每股定价与P/B、P/E，即溢价倍数加以比较，进行定价摸底。这种方法比较适合周期性较强、规模经济特点比较突出的企业，如加工制造业、建筑和房地产业等。

另一种是可比交易法，也是在财务资料不足时，对上市前企业进行类比分析的相对估值方法。第一步要找到具备前述可比公司特征，并在近期发生并购交易的案例，或未上市可比公司近期引进股权投资的交易案例，用并购和投融资案例的交易定价，作为本企业等估值价格参数。同时利用参照企业的市场信息，分析交易溢价等有利条件和不利因素，加以适当修正，求得本企业估值定价参考值。比如分众传媒先后并购框架传媒和聚众传媒，框架传媒的估值即可作为聚众传媒的估值依据。

可比交易法前提是可比公司，比较基准是每股价格，那么参考定价的说服力主要取决于本企业与可比公司的竞争态势和各自市场地位。如果双方产品同质化，竞争不激烈，主要看品牌价值。如果市场重合，竞争激烈，那么估值高低主要由市场规模决定。

专业投资机构通常会采用绝对估值法，利用高深的估值模型或计算公式测算交易价格。企业一般不掌握这些方法，无法就估值模型应用、参数选择展开讨论。最佳应对策略是利用相对估值法讨价还价，不仅有利于企业做到心中有数，而且能够掌握话语主动权，争取有利的交易条件，防止对方漫天要价。

基金投资六阶段

股权投资基金实行规范管理后，基金管理人（GP）普遍建立起以运营风险控制制度为核心，包括组织架构、防火墙机制、分工与授权制度、风险监控与追责机制等比较完备的投资运营制度。按照这一制度体系，股权基金的投资、管理、退出一般经过以下 6 个阶段：

1.项目选择

投资选项是指收集项目信息，进行初步研究和筛选的过程。项目来源力求多元化，包括参加投融资相关论坛、推介会，专业经纪机构推送，利用官网宣传引流，以及从业人员人脉和朋友圈介绍等多种方式获取项目信息。然后按照股权基金自身定位、投资方向、项目条件进行筛选，筛选入围的项目，安排专业人员跟进调研，取得项目评估资料。

2.可行性核查

完成选项确定为拟投资项目的，进入可行性核查。由内部组织或委托第三方专业机构进行项目尽职调查。对拟投资企业的资产和负债情况、市场表现、财务状况、法律关系以及企业所面临的机会以及潜在的风险进行全面调查，并出具尽职调查报告。

3.投资决策

按照风险隔离原则，投资经理平行开展项目评估，估值定价，拟定投资方案，并提交评估报告及投资建议书。投资建议书和尽职调查报告经合规与风控专员审核通过后，一并提交投资决策委员会审查表决。投资决策委员会一般由股权基金高管和外部行业专家组成，人数5~7人不等，表决规则有的实行三分之二多数决定制，有的实行一票否决制。投资决策委员表决通过的，最后经总经理签署方为有效。

4.谈判签约

项目通过审批后，投资方与被投企业正式开展投资谈判。GP通常会拿出一份条款清单概括谈判涉及的内容，双方将围绕投资方式、估值定价、保护性条款、双方权利和义务等核心问题进行谈判。经过讨价还价，取得一致后签订投资协议书。

5.投后管理

投资协议书签订后，被投企业通过股东会增资扩股决议、公司章程修订决议，双方进行股权变更登记，完成投资程序。同时按照投资协议约定，进行项目投后管理，跟踪资金使用和投资效果，监测控制投资风险。

6.投资退出

股权投资实质是资本运作投资，也叫财务投资，因此GP在设计投资方案时就预设了退出通道，并作为投资协议条款加以约定。股权基金可以利用的退出方式包括：

（1）被投企业上市。基金持有股份在公开市场溢价出售，获利退出，这是股权基金最理想的退出方式。如果没有限售，IPO是最有利的退出时机。

（2）股权协议转让。转让渠道包括新三板定增、产权交易市场挂牌，中介机构推荐接盘人，转让对象可以是被投企业同业战略投资人并购，或其他股权基金、机构投资者、职业投资人，或企业原股东和管理层（MBO）收购等。

（3）回购退出。一般是在被投企业对赌失败情况下，即当被投企业达不到预定的经营目标，须按对赌协议约定的价格和交易条件回购股权基金手中的股权，这是股权基金重要的风险控制手段。当然，如果被投企业自愿溢价回购股权，GP财务划算也可以提前获利退出。

（4）清算退出。通常是指被投企业经营失败，达到法定破产清算条件，或自愿清算了结，在法院或第三方专业机构主持下进行清算，按法定顺序进行清偿。这种情况一旦发生，很难避免投资损失，属于失败退出。

投资合同要当心

股权基金完成全部投资决策程序，投融资双方经过谈判，就投资交易条件协商一致后，正式签订投资合同书。作为股权投资最为重要的法律文件，与一般合同文本有两点重大不同，在合同文本磋商和签订时需要特别注意。

一是合同签订主体。投资合同的投资方是作为基金财产法定主体，在中基协备案的私募基金，而不是基金管理人GP，但在投资合同中应指明委托GP全权负责此项投资的管理。投资合同的融资方应是企业原有股东，而不是企业。如果由企业签署，必须事先以股东会决议形式给予特别授权，或在合同签署后通过股东会决议批准该合同，合同文书方为有效。

二是投资者保护条款。鉴于股权投资相对于原股东属于后来者，也是少数股东，所以在投资合同中对投资者权益有更为周详、严密的保护条款，即所谓"八大条款"，包括先决条件条款、交易结构条款、承诺与保证条款、公司治理条款、反稀释条款、估值调整条款、出售权条款、清算优先权条款。企业比较陌生或容易犯规的条款有：

1.债权和债务责任

该条款是指如果被投企业未向投资方披露的或有债务、对外担保等，在实际发生赔付后，投资方有权要求被投企业或大股东赔偿。

2.竞业限制

企业上市或被并购前，大股东不得通过其他公司或其关联方以任何方式从事与被投企业业务相竞争的业务。

3.股权转让限制

即对新老股东转让股权设置一定的条件，仅当条件满足时方可转让股权。譬如大股东转让股权，要么不看好企业前景，或有潜在危机提前转移资产。为此投资者要求将股权转让限制条款写入公司章程，使其具有对抗第三方的效力。

4.引进新投资者限制

未来新投资者进入的每股价格不能低于投资方认购时的价格，若低于之前认购价格，投资方的认购价格将自动调整为新投资者认购价格，溢价部分折算为企业股份。

5.反稀释权

在投资方之后进入的新投资者的等额投资所拥有的权益不得超过投资方，投资方的股权比例不会因为新投资者进入而降低。"反稀释权"与"引进新投资者限制"相似。需要注意的是，涉及股权变动的条款应符合法律对股份变动的限制性规定。

6.优先分红权

企业年度利润分配，投资方要求按投资额的一定比例优先于其他股东分红。

7.优先购股权

企业上市前若要增发股份，投资方优先于其他股东认购增发的股份。

8.优先清算权

企业进行清算时，投资者有权优先于其他股东分配剩余财产。如果企业被并购，且并购前的企业股东直接或间接持有并购后公司的表决权合计少于50%，或者企业最近1年（或季）经审计的财报净资产的50%被转让给第三方。这两种情况出现都被视为被投资企业清算、解散或结束营业。被投资企业大股东需按清算约定对投资者进行补偿。

9.共同售股权

企业原股东向第三方出售其股权时，投资方有权根据其与原股东的股权比例以同等条件向该第三方出售其股权，否则原股东不得向该第三方出售其股权。

10.强卖权

也叫"领售权"，是指投资方在卖出其持有的企业股权时，要求原股东一同卖出股权。强卖权很有可能导致大股东的控股权旁落。

11.一票否决权

投资方要求在企业股东会或董事会对特定决议事项享有一票否决权。

12.回购承诺

企业在合同有效期内违反约定，投资方有权要求企业或大股东回购股份。

13.管理层对赌

即将企业管理权作为对赌标的，在某一对赌目标达不到时，由投资方获得被投公司的董事会多数席位，增加其对公司经营管理的控制权。

14.对赌协议

即估值调整协议，下节专题介绍。

对赌风险要防范

对赌协议（Valuation Adjustment Mechanism，VAM）的英文直译为"估值调整机制"，是指股权融资的投融资双方按照约定目标，当目标不能实现时，企业对投资者承诺的一种期权安排。由于设定目标类似赌博下注，译者为贴近国人的理解方式，通俗地译为"对赌协议"。

"估值调整机制"包含三层逻辑关系：

第一，投资者是在投融资双方对企业估值确认基础上，投入一定资金并取得相应股东权益；

第二，融资方保证在一定期限，达到投融资双方设定的业绩增长或上市发行目标；

第三，如果约定目标不能实现，则意味着原先估值不合理而使投资者利益受损，融资方承诺按约定方式给予投资者一定的权益补偿。

由此可见，对赌协议既是投资方权益的保护机制，又是鞭笞企业尽职敬业、达成目标的激励机制。同时对企业也是一个潜在的重大风险。

2003年摩根士丹利投资蒙牛乳业，成为我国首个对赌案例。2012年最高法院再审海富投资与甘肃世恒投资纠纷案，被称为国内"对赌协议第一案"，标志着对赌协议首次在国内获得司法承认。近年来随着我国私募股权基金的发展，对赌协议在投融资交易中被广泛采用，对赌纠纷案件层出不穷。由于对赌失败导致公司易主、割股赔款的案例也接连不断。

然而，对赌协议在资本市场尚未得到正式承认，企业上市或新三板挂牌审核中可能成为障碍，有上市计划的企业在股权融资时最好不要设置对赌，已经签订对赌协议的，在提交上市或挂牌审核前应将对赌协议和有关条款清理干净。暂时没有上市计划，准备引进股权投资企业，应事先了解对赌机制，切实弄懂对赌协议条款。

1.对赌协议跟谁赌

按照对赌协议定义，是指投融资双方约定目标不能实现时，对投资者的价值补偿。那么这里就存在一个由谁负责补偿，即谁是对赌当事人的问题。其中投资方一般没有歧义，融资方是企业，融入资金用于企业生产经营，经营目标靠企业实现。于是人们理所当然地认为对赌双方应该是投资者与企业。但这是错的！

我国对赌协议第一案——"海富案"回答了这个问题。2007年苏州工业园投资有限公司（以下简称"苏园海富"）海富作为投资方，甘肃世恒有色资源再利用有限公司（以下简称"甘肃世恒"）及其独资母公司香港迪亚为融资方，共同签订了《增资协议书》，约定苏园海富投资2000万元人民币取得甘肃世恒3.85%的股权。经营目标约定甘肃世恒2008年净利润不低于3000万元，否则苏园海富有权要求甘肃世恒予以补偿，香港迪亚承担连带补偿责任。同时约定甘肃世恒最晚于2010年10月20日前上市，否则按净资产收益率10%回购苏园海富的股权。

2008年因市场突变，甘肃世恒当年实际完成利润目标不到千分之一，苏园海富要求甘肃世恒按投资协议予以补偿。索赔未果，遂于2009年12月30日向兰州市中级人民法院提起诉讼，请求判令甘肃世恒、迪亚公司支付补偿款1998万元。

兰州市中级法院审理认为，投融资双方在投资合同中"赌业绩"的约定不符合中外合资企业法关于利润分配的规定，有损公司及其债权人的利益，据此一审判决驳回苏园海富的诉讼请求。苏园海富不服，上诉至甘肃省高等法院，省高院二审认为"赌业绩"违反了投资风险共担的原则，苏园海富投资款除已计入甘肃世恒注册资本的115万元外，其余1885万元名为投资，实为借贷。据此判决甘肃世恒与香港迪亚共同返还海富投资1885万元及占用期间的利息。

案件经最高法院再审认为：对赌协议的约定使得苏园海富的投资获取固定收益，脱离了甘肃世恒的经营业绩，损害了公司和债权人利益，因此支持一审、二审法院关于甘肃世恒对苏园海富补偿条款无效。但是，《增资协议书》中关于香港迪亚作为甘肃世恒的控股股东，对苏园海富的补偿承诺并不损害甘肃世恒及其债权人的利益，是当事人的真实意思表示，是有效的。因此撤销甘肃高院的二审判决，并判决香港迪亚单独向苏园海富支付协议补偿款1998万元。

最高法院再审判决等于宣告基金投资与融资企业之间对赌无效，说明被投资企业不是有效的对赌对手，而是被投资企业大股东和实际控制人。

2.对赌协议赌什么

赌什么就是拿什么作为对赌标的。国外投资界一般以目标企业财务和非财务绩效、赎回补偿、股票发行、管理层变动等作为对赌标的。国内VC/PE的对赌协议偏好3种对赌标的，对赌筹码通常随对赌标的而定。

（1）赌上市。即以目标企业能否在某一时间点IPO作为对赌标的。上市是私募股权基金最有利的退出方式，也就成为投资协议常见的对赌条款。如果企业未能按约定时间成功上市，要求企业按一定的回报条件给予现金赔偿，或回购股权使投资方获利退出。"海富案"就是典型现金对赌案例。

（2）赌业绩。以企业经营效益为标的，主要是赌财务指标，如净利润、利润增长率、销售额及销售增长率等；也有赌非财务指标的，如市场份额、产品和服务质量、公司重组、管理层更换等。赌业绩的常以股权为赌注，即当企业不能完成业绩指标的，要求企业按考核标准调低企业原估值，相应地增加投资方的持股比例。例如高盛、英联和摩根士丹利联合投资太子奶，对赌协议中约定，太子奶在收到7300万美元注资后的前3年业绩增长超过50%，可降低投资方股权；若完不成30%的业绩增长，太子奶董事长将会失去控股权。

（3）赌特定任务。除了常见对赌标的，有的投资人是为了某个特殊目的进行投资的，于是投资目的就成为对赌标的，大多以现金为对赌筹码。例如赌某项股权或资产并购、赌原油期货行情、赌个股价格，等等。典型案例是红杉资本对飞鹤乳业投资的对赌，其中标的之一就是公司流通股15个工作日收盘价不低于每股39美元。

实践中，对赌标的与对赌筹码并不一一对应，投资人为控制风险往往提出混合对赌标的，要求股权调整和现金补偿互为救济，并考虑企业的实际情况、履约能力，将分配优先权、股票表决权或某项资产列为对赌筹码。

3.对赌风险四对策

对赌协议作为国际投资行业通行做法，在我国投融资交易中已得到普遍应用。对于引入股权投资的企业，既是强有力的约束机制和激励机制，也是牵动企业财产权、控制权的重大威胁。因而签订协议和协议履行中亟宜认真对待，小心防范。

（1）谨慎设置对赌条件。设置对赌协议包括赌什么赌多少，一定要根据主客观条件，留有余地，切勿承诺不切实际的对赌目标。比如赌上市，完全不在企业可控制范围以内。根据国家宏观调控目标，金融市场和股市稳定的需要，监管当局将发行审查作为调控手段，经常采取加快或放慢发审节奏，甚至暂停发行措施进行干预。可见赌上市就是赌政策，最好不纳入对赌。如果要赌，则应列为不可抗力，将官方暂停IPO发审的时间加以扣除。业绩对赌也是一样，企业外部条件变化如经济周期波动、金融危机、自然灾害等，直接影响企业效益，也属于不可抗力。

（2）设置双向对赌。按照对赌协议，当企业达不到对赌目标时，投资者要求企业以股权或现金进行处罚。反过来，当企业达到或超过预定目标时，企业也可以要求投资者给予奖励，这就是双向对赌。双向对赌还可以与重复博弈结构结合运用，用长期市场表现和业绩增长，排除一次赌输赢的偶然因素。比如赌业绩增长，增长目标应按整个投资期间进行考核，而不应该逐年考核。如果逐年考核，则要实行各年度业绩连续考核，并逐年兑现奖惩措施。当某个或几个年度超过目标时，要求投资者对等追加出资或减持股份。设置双向对赌的意义既是坚持公平原则，还能促使投资者换位思考，抑制过高的对赌条件。

（3）小心看护企业控制权。企业对赌失败必然导致"割股赔款"，控制权受损甚至丧失。目前国内的股权投资机构限于专业能力，对赌条件较为温和。国外投资机构则是名副其实的"门口的野蛮人"，对赌条件极为严厉，很可能因为业绩低于预期，被剥夺企业控制权，例如俏江南、太子奶等。防止出现这种情形，不仅要倍加小心关注对赌条件，还要关注各种投资保护条款，以及这些条款的含义和相互关系，严格履行合同义务，防止触发对赌条件。

（4）重信守约、防止"双输"。投资协议一旦生效，就要恪守诚信，特别要摒弃"融资前当孙子，融资后是爷爷"的土豪意识，尊重投资者的各项权益。当外部环境导致不利于对赌目标实现时，最佳应对策略是及时、真实向投资者通报情况，争取谅解和调整对赌协议。如果无法避免对赌失败，企业应主动与投资者协商使双方损失减到最小的解决方案。因为股权投资一旦发生纠纷，只有双输一种结局。

三、产权融资路路通

产权融资是利用企业拥有独立财产权的资产，采取抵押贷款或转让变现等方式获得融资。企业资产负债表所列各项资产，如可交易金融资产、应收账款、应收票据、存货、固定资产、权益投资、无形资产等都可以用来融资。适合较大额度融资的渠道主要有融资租赁、信托融资、产权交易融资。

信托融资方法

信托融资是企业为了融资目的，将特定资产的财产权委托给信托公司，由信托公司设立信托计划，向社会筹集资金，所筹资金由信托公司作为投资主体，以债权或股权融资方式向企业提供资金。在一项信托计划中，企业是项目发起人和委托人，信托公司是受托人，信托计划的投资者是受益人。

信托融资重点关注企业信托资产质量，对企业自身资信条件要求相对宽松，审批程序比较简便，筹资速度较快，以提供1年期以上中长期资金为主，可以进行股债转换，比较符合有一定资产规模的中小企业融资需求，缺点是融资门槛和成本较高。企业利用信托财产进行融资的方式有4种：

1.债权信托融资

债权信托是企业将经营活动中取得的债权包括票据、远期信用证、应收账款、定期存单、保险单证等债权作为信托财产，以债权人地位委托信托公司催收、清理，利用受益权的转让机制和资产证券化技术，变现债权资产，帮助企业获得融资。

2.股权信托融资

股权信托融资有两种方式：一是股权管理信托，企业将合法持有的股权作为信托财产，委托信托公司管理和处分，设立信托计划进行资金募集，然后投资于企业，解决企业融资需求；二是利用信托投资，是信托公司用自有资金、长期信托资金或私募基金以投资者身份对企业进行直接股权投资，从而获得融资。

3.信托型资产证券化

信托型资产证券化是企业将合法拥有并能够产生稳定收益的资产委托给信托公司，由信托公司以该资产未来现金流作为投资回报的条件，进行资产证券化处理，面向投资者公开发行，进行资金募集的结构化融资方式。

这种融资方式以特定资产为基础转化为资产支持证券，为了增强对投资者的保障，便于证券化产品发行，还可以采取购买商业保险等方式对该资产进行信用增级。所以信托公司只要把握该项资产的未来现金流，而无须考虑中小企业自身的信用状况。这种融资方式特别适合中小企业资信能力低、信息不对称的特点，帮助企业突破瓶颈，获得低成本、中长期资金。

4.租赁信托融资

租赁信托是信托投资公司以信托资金购买设备租赁给企业使用，使企业获得设备购置融资。是信托公司的跨界经营和服务创新，与融资租赁方式基本相同。

融资租赁六产品

融资租赁是国际上应用范围最广和最基本的非银行金融形式。在西方各国，融资租赁是实体企业购置设备的主要资金来源，对于解决中小企业融资难和促进企业技术升级，都具有无可替代的作用。近年来，随着金融开放，融资租赁在我国得到快速发展，2019年底全国融资租赁公司户数达12 130家，合同余额6.6万亿元，产品和服务创新层出不穷，在融资租赁基本形式上派生的各种产品近20种。

融资租赁是将钱与物捆绑起来的融资形式，在租赁合同期内，租赁物件财产权仍归融资租赁公司（以下简称"融租公司"）所有，有利于风险防控。所以对企业的资信门槛要求不高，程序比较简单，项目评价首先要求产业政策和环保达标，而重点关注的是企业现金流足以支付租金，比较适合中小型实体企业融资。

融资租赁除售后回租外，大多不是用自有资产获得融资，而是利用与融租公司的产权，通过合同关系获得所需设备器物的占有权和收益权。可用于产债组合的融资租赁产品有6款。

1.直接融资租赁

直接租赁简称直租，是融资租赁的基本业务模式。按照企业要求的设备型号和条件，向供货厂家购买该设备，并以企业支付租金为条件，将该设备租给企业使用。在租赁期内，企业没有设备所有权，但拥有设备占有权、使用权和收益权，并承担设备维修和保养责任。租赁期满，根据企业需要可以续租、退租或者购买。这种模式适合企业技术改造、固定资产建设和大型设备购置。

2.售后回租

售后回租也叫返还式租赁，是企业将自有在用设备（或其他固定资产）出售给融租公司获得现金，同时与融租公司签订融资租赁合同，将该设备租回继续使用，并支付租金。售后回租的典型特征是承租人和供货人都是企业自身，出售和租入行为同时发生，不存在货物买卖中的物流过程。通过这种操作，设备所有权转让给出租人，企业获得了现金。这种模式有利于企业盘活存量资产，快速筹集企业发展资金。适用于营运资金不足，或因技改升级需要自筹资金的企业。

3.杠杆租赁

杠杆租赁类似银团贷款，针对一个大型租赁项目，由一家融租公司牵头自筹租赁设备购置成本的20%～40%的资金，其余60%～80%资金由银行或财团以贷款提供，然后购置设备提供给企业使用。融租公司一般需与"银团"达成协议，以对设备的法定所有权，连同租赁合同和租金收费账户抵押给银团，作为贷款担保。这种租赁方式对于"银团"可以分享低税好处，对于企业，则有利于解决金额巨大的设备购置融资。

4.厂商租赁

厂商租赁也叫经营租赁，是设备制造商（或经销商）将市销产品以租赁融资方式，提供给需要租赁设备的企业使用。实质是一种租赁销售的方式，既可以扩大销售，又能够提升企业市占率和竞争力。这种租赁方式脱离融租公司的中间环节，有利于租赁双方减轻费用负担。对于制造商要求具有较强的资产实力和风控能力。

5.共享式租赁

共享式租赁也叫结构化分成租赁，融租公司根据企业选择的租赁物件向供货商进行采购，将租赁物件提供给企业使用，企业按约定支付租金。但是租金计算不是以资金成本为基础，而是按租赁物所产生的现金流为参数进行测算，租赁双方共享租赁项目收益。这种租赁方式类似双方联营，适合高速公路、城市基础设施、通信、港口、电力、汽暖等收入比较单一，预期有稳定和良好收益的项目。

6.风险租赁

风险租赁是融资租赁与风险投资的有机组合，在一个融资租赁项目中，出租人（融租公司或风险投资人）以租赁债权加股权投资的方式将设备出租给特定的企业，按购置设备金额的一定比例（一般不低于50%）计算并分期收取租金，其余部分作为风险投资计算普通股股权，获得投资回报。这种租赁方式对于出租人属于投资组合，对于企业是一个融资组合，为早期小微企业、高科技成长期企业开辟了新的融资渠道。

产权交易融资

产权交易融资是指企业将其合法拥有财产权的资产在产权交易市场挂牌变现的融资方式。产权交易市场是企业兼并、出售、拍卖、租赁、股权转让、资产置换、闲置物资调剂等产权交易的场所。我国产权交易市场至经过30年发展，现已形成以京津沪渝四大交易所，遍及省会和省辖市的产权市场体系，为企业提供政策咨询、信息发布、产权鉴证、交易组织、资金结算交割、股权登记等产权交易全程服务。交易品类涵盖资产转让、经营权让渡、增资扩股以及技术产权、知识产权、环境权益、土地使用权、金融资产和其他公共资源权益等12大类。2018年四大交易所挂牌项目4747宗，交易金额4311亿元，5年交易量累计突破25万亿元。

产权交易市场没有门槛限制，凡具备产权交易主体资格的企业或个人均可申请进入产权市场，参与产权交易活动。企业入市交易的程序一般包括注册登记、填写交易委托、挂牌发布、交易洽谈或竞拍、鉴证签约、资金清算交割、变更登记。

M2:
沙盘推演——打好融资组合拳

实训目标：

帮助企业了解组合运用金融工具的原理和方法，掌握基本组合模型，利用股权融资、债务融资和产权融资交替操作，提升企业融资能力，破解融资难问题。

讲授知识点：

（1）信贷市场和资本市场融资的局限性，组合运用金融工具的意义和必要性；

（2）股债组合、产债组合方式和运用；

（3）股权融资对赌风险与防范；

（4）产权融资与自筹资金。

推演任务：

在上一场经营成果基础上，企业根据发展现状和战略规划，决定进行技术改造，使产能扩大50%，技改投资约等于现有净资产总额。按项目投资概算，固定资产投资占总投资的三分之二，设备购置预算占固定资产投资的一半。本轮推演任务是按照企业技改计划完成项目融资。

推演套件：

（1）组合融资沙盘盘面（图4-1）

（2）企业风险事件和应对策略表（表4-1）

（3）产债组合融资测算表（表4-2）

图4-1　组合融资沙盘盘面

表4-1　　　　　　　　　　**企业风险事件和应对策略**

风险事件	选项	应对策略
a.大宗原材料大幅涨价	4.6.7.11.16	1.加大研发投入，保持技术领先
b.通货膨胀成本费用上升	4.5.6.11.16	2.强化货款回收，合理增加应付 3.加大广告和买赠促销，稳定老客户 4.通过期货市场套期保值，对冲风险 5.顺势而为扩张资产，跑赢涨价速度
c.产能过剩，产品供给量增价跌	1.8.10.15	6.跟随上游产品涨价转移风险 7.分散订户和批次，降低个别客户依赖 8.利用先发优势和优势产品，巩固市占率
d.实力竞争者加入同业市场	1.3.8.9.14	9.利用法律武器，加强知识产权保护 10.紧盯政策和市场信号，决定市场进退 11.在订货合同中增加保值条款 12.利用多种渠道加快债权资产变现
e.订单流失市场被侵蚀	3.8.10.14	13.严格客户授信，控制赊销，提高现销 14.加快产品创新，提高性价比和客户体验 15.跟踪产业循环，优化生产布局
f.货款回收难危及资金链	2.7.12.13	16.减少流动资产，增持资源性资产

表4-2　　　　　　　　　　**产债组合融资测算**

融资渠道	金融产品	计算基础	融资目标
股债组合模式	——	——	
1.股权融资	股权基金	释放股权　%	
2.债务融资	银行贷款	净资产50%	
产债组合模式	——	——	
1.债务融资	银行贷款	净资产50%	
2.产权融资			
a.融资租赁	融资租赁	设备采购投资	
b.可交易金融资产	转让变现	账面金额80%	
c.应收账款	质押或交易	账面价值60%	
d.存货	抵押或换货	账面价值60%	
e.权益资产	转让或抵押	收益率估值	
f.草根金融市场			

二、推演流程

第一环节　融资组合策略

推演导语：企业由成长期迈向成熟期，还会经历一段快速发展扩张期。为了保持增长势头，企业决定引进新兴技术，进行技术改造。按照投融资管理体制，现已完成项目设计、可行性研究和备案程序，资金筹措到位即可开工。

根据技改投资预算，除了自筹部分，外部融资需求规模与净资产规模相当，属于大额、战略性融资。按照企业金融版图指引，融资渠道首选银行技改贷款。但是技改贷款属于固定资产建设贷款，审批门槛高。而且融资额度大大超过企业当前资信能力，用上一场资产负债表（如表3-3）计算可知，贷款后资产负债率将突破70%，偿债能力明显降低，因而无法通过银行风险评价。

第二个融资渠道是股权融资，包括新三板和四板挂牌，以及股权投资基金。然而财务报表显示，企业盈利水平尚未达到新三板挂牌的市场门槛。四板挂牌难度不大，但融资能力有限，融资成功率较低。3种股权融资比较，应选择引进股权基金投资。然而股权基金投资规模必须掌握合理额度，规模过大将加速股权稀释，侵蚀创始人控制权。

两种融资渠道的优劣比较，最佳方案是两条腿走路，先进行一轮股权融资，降低企业资产负债率，改善财务结构，提高长期偿债能力，从而顺利通过银行风险评价。这就是股权融资与债务融资组合，简称股债组合，是企业组合融资的基本组合方式。

　　需要指出的是，相对于股权融资，银行贷款可以满足大规模资金需求、融资成本比较低，而且不涉及企业股权。所以最优股债组合方案是以股权融资为杠杆，最大可能利用银行贷款的组合方式。确定股权融资和银行贷款额度，应根据资产负债率和净资产先估算银行贷款容许额度，剩余部分即为股权融资额度。股权融资将直接导致净资产增加，相应增加贷款额度，所以确定组合融资方案应注意动态测算。

　　组合融资指标计算，将以各组第三场经营业绩和表3-3数据为基础，其中所有者权益加以适当处理，将留存收益、资本公积转增资本，将注册资本调整为60个单位，与净资产、注册资本三者相等（上场结算净资产高于60的可以使用上期数计算）。在此基础上，计算确定股债组合方案，即股权融资和银行贷款各占比例和金额。

学员操作指引

　　◆ 操作任务：根据融资任务，确定股债组合融资方案。

　　◆ 阅读上期资产负债表（如表3-3），估算银行贷款容许额度和贷后资产负债率变动。

　　◆ 按照技改融资任务，财报资料和已知条件，计算确定股权融资和银行贷款额度，提出股债组合方案。

　　◆ 操作用时10分钟。

扫码获取标准答案

第二环节　制订股权融资方案

推演导语： 第二场股权融资属于天使轮融资，企业处于初创期，财务资料和技术经济数据不全，公司估值只能采取定性与定量相结合的方法。经过前期发展，企业现已进入成长期向成熟期过渡段，公司治理和管理规章步入正轨，会计制度比较健全，积累了一定的财务分析资料。所以无论是VC或PE投资，将参考证券市场定量分析方法对企业进行估值定价。

上市前公司估值一般采用相对估值法，常用的指标有市盈率（P/E=每股价格/每股收益）、市净率（P/B=每股价格/每股净资产）。为了简化计算过程，并延续此前推演结果，估值定价仍采用市净率法。其中股本总额（S=60）、计划增资额（Z—各组自定）为已知数，溢价倍数采用第二场估值参数，新加入没有上场数的按2倍计算（P/B=2）。利用这些条件，可以很方便地计算每股净资产（B）、每股定价（P）、释放股权比例（R）等增资扩股指标，形成初步融资方案。然后依据企业净资产变动，合理调整优化股债融资额度，最后确定股债组合融资方案。

学员操作指引

◆ 操作任务：计算确定股权融资指标，确定融资方案。

◆ 按照股权融资计划，利用已知条件，计算公司估值总额Y，确定增资扩股指标，包括增资总额Z、增发股数S1、每股定价P、溢价倍数X、释放股权比例R。

◆ 根据试算结果，进行方案优化，调整确定股债组合比例和额度，确定股债组合方案，股权融资和银行贷款额度。

◆ 操作用时30分钟。

扫码获取标准答案

第三环节 定向私募与对赌

推演导语： 增资扩股方案确定后，开始进行定向私募。按照私募程序，各组作为股权融资企业，上场路演招募。导师扮演基金投资人，根据各组路演情况进行投资决策。投资方案被否决的，转入第四环节。

学员操作指引

◆ 操作任务：上场路演，进行私募融资。

◆ 各组提交股权融资方案，并上场进行简易路演，宣布融资方案，包括增资总额Z、增发股数S1、每股定价P、溢价倍数X、释放股权比例R。同时提出业绩目标和对赌标的（赌上市还是赌业绩）。

◆ 导师作为投资人，根据各组融资方案和路演情况，决定是否投资或投资金额，按投资额发给现金筹码。

◆ 汇总公布各组融资结果。

◆ 操作用时30分钟。

扫码获取标准答案

推演导语：投资确定后，进入对赌环节。股权基金经过投资决策程序确定投资的，在投资合同中将同时设定对赌协议。对赌协议（Valuation Adjustment Mechanism，VAM）是"估值调整协议"的俗称，投资协议8大条款之一。是指投融资双方在投资协议中约定经营目标，当考核指标不能实现时，企业承诺对投资者给予股权或现金补偿的协议条款。

股权基金直接投资于企业股权，随而成为公司股东。从法律层面上，对债权保护优先于股权，意味着投资人承担比银行贷款更大的风险；从实践上，投资人相对于原有股东是"后来者"和"局外人"，并属于少数股东，除了行使股东权利，对企业影响力很弱，风险管控的手段十分有限。所以股权投资人主要采取两项对策防控风险：一是分散投资，打成功概率；二是设定对赌，用股权调整或现金赔偿挽回损失。

2002年摩根士丹利投资蒙牛乳业，被称为股权投资对赌第一案。随着国内股权投资基金的兴起，对赌协议成为投资合同的必备条款。常见对赌标的，一种是赌上市，常以现金为对赌筹码，当企业不能按约定时间实现上市时，企业和原股东按协议约定对投资人退还一定的投资款；第二种是赌业绩，业绩指标一般为实现利润或复合增长率、每股净资产等，对赌筹码多为股权，当效益指标完不成时，企业原股东向投资人赔偿一定的股权。由此可见，对赌协议不仅是投资者的风险手段，还是鞭笞管理层尽职敬业，全力以赴完成经营目标的激励机制。一旦对赌失败，将面临割"股"赔款，甚至控股权旁落，公司易主的严重后果，例如俏江南、太子奶等风光一时的著名企业，都是因对赌失败被扫地出门的。可见对赌协议堪称达摩克利斯之剑，对企业是一个重大威胁。

现在说明沙盘推演对赌方法：

（1）对赌对手：由各组扮演融资企业，导师作为投资人，教学双方互为对赌对手。

（2）对赌标的：即赌上市或赌业绩，各组自行选择。

（3）对赌筹码：分为赌股权或赌现金。采取在图4-1轮盘上摇转盘确定。由此可产生4种组合：

①赌上市→赌现金

②赌上市→赌股权

③赌业绩→赌股权

④赌业绩→赌现金

（4）赌注设定：这里将①③两种组合作为对位组合，可设定赌注为投资人对企业投资额的20%+100元现金；将②④两种组合作为不对位组合，赌注加倍，即被投资额的40%+200元现金。企业赌赢的，投资人对该企业按投资额赌注计算和追加现金筹码；企业赌输的，按投资额赌注计算和退还现金筹码。现金部分作为趣味性附加筹码，仅用于参加游戏学员请客，因此赌注大小可现场协商设定。

对赌协议期限通常与投资期限相等，可长达3～5年，考核期最少1年。限于沙盘推演条件，这里可以用一次风险事件应对策略代替一个经营周期。事实上，企业在发展面临各种风险，经营成败很大程度要看风险防控能力。一次重大风险可能直接影响企业命运，从而决定对赌输赢。因此可以用风险事件处理及风险应对策略评判对赌输赢。

表4-1列出影响企业经营业绩的6种重大市场风险，相应的防范措施和应对策略是：

（1）大宗原材料大幅涨价。原料涨价直接引起生产成本上升，利润降低。防范措施包括在期货市场上进行套期保值，对冲风险；在订货合同中加保值条款，锁定价格。应对策略是跟风涨价或更新产品涨价来转移风险，还有就是分散订户和批次，降低个别客户依赖，提高议价能力。

（2）持续或恶性通货膨胀。与原料涨价不同的是，原料涨价一般是结构性或季节性短缺，造成个别产品价格走高。通货膨胀是由于经济过热，流动性泛滥，货币大幅度贬值，企业购买力下降，导致成本费用全面升高，效益下滑。防范措施也是在期货市场上进行套期保值，水涨船高，订货合同锁定价格，持有贵金属和资源型保值资产；应对策略首选跟随通胀，扩大资产规模，跑赢通胀速度。因为通货膨胀每上升1倍，企业资产就相应缩小一半。因此，必须掌握更多要素资产或金融资产，才能避免资产缩水甚至吸进他人资产，此外跟随行情涨价也是必不可免。

（3）所属产业产能过剩，产品供给量增价跌。同类产品产能过剩，市场竞争加剧，比如导致竞争性降价，盈利能力下降。防范对策首先要紧盯政策和市场信号，决定市场进入或退出。产能过剩往往表现为一定的地域性，按照国际或国内特定区域经济发展水平，进行产业梯次转移。所以要跟踪产业循环，优化生产布局，适时进行产业转移。还有就是加大研发投入，保持技术领先；应对策略是加快产品创新，改进客户体验，加强客户维护，增强产品抗跌能力。

（4）实力竞争者加入同业市场。财务实力雄厚的竞争者加入，一般不属于产能过剩的情况，而是所属行业获利丰厚，市场空间较大，吸引战略投资者加入同业竞争。企业面临威胁一是市场率丢失，二是被吃掉。防范措施首先是利用法律武器，加强知识产权保护；其次是利用先发优势，加大研发投入，保持技术领先，同时加强优势产品推广巩固地盘，提高市占率。根据政策和市场信号，如果难挽市场颓势，则应考虑战略合作或市场退出。

（5）订单和客户流失，市场遭侵蚀。出现这种情况，一般是产品供给过剩、竞争加剧、市场竞价促销，买方市场地位加强，客户议价能力提升。使企业性价服务比相对下降，客户促销攻势下改投其他企业。防范措施是加快产品创新，加强客户维护、广告和买赠促销，提升客户体验。应对策略是加大优势产品推广，稳定市占率。

（6）货款回收困难，危及企业资金链。货款回笼障碍大背景是经济周期或金融危机影响，加上市场信用基础不良，供应链核心企业恶意拖欠。个体原因是企业市场地位比较薄弱，应收账款管理不够严格。防范措施首先是健全商业信用管理制度，合理安排客户授信，控制赊销比例。应对策略是加大促销力度，扩大现销和票据结算比例，合理增加应付，加强货款回收责任，采取抵押贷款、保理、供应链融资和资产证券化等多种渠道，加快应收账款、商业票据资产变现。

针对6种风险事件，在16种备选对策中各有3~4个正确答案。然后各组按抽中题号，从16种应对策略中选出正确答案，答对3项以上的判赢，答对3项以下的判输。

按照以上规则，各组首先自选对赌标的，然后在图4-1上用转动轮盘确定对赌机会。第一次在转盘内圈，短柄对标筹码，确定对赌组合；第二次在转盘外圈，长柄对标风险事件，确定答题题号。

学员操作指引

◆ 操作任务：进行投融资对赌。

◆ 各组顺序上场，首先确认各自选定的对赌标的，然后在PPT播放的轮盘转动中，进行两次点击。第一次点击确定对赌筹码组合；第二次点击抽取风险事件题号（不具备演示条件或自助游戏的，也可以在图4-1轮盘上盲选或抓阄确定）。

◆ 各组按抽取题号分析应对风险事件的对策措施，选择正确答案。选择完毕举手宣读，与系统演示表4-1第二列揭示正确答案核对。核对正确的为赢，回答错误的为输。

◆ 对赌获胜，按投资额赌注计算数增发现金筹码，进行如下操作：

（1）在资产方，将增发融资额与赌赢现金合计，增加"货币资金"数；

（2）在股东权益的"实收资本"处，填写增发股数；

（3）在"资本公积"处，按融资溢价（融资总额减增发股数的差额）填写；

（4）合计填写总资产、总负债、负债和所有者权益。

◆ 在此基础上，计算资产负债率，按净资产的50%计算银行贷款数，完成组合融资。

◆ 对赌失败，按投资额赌注计算数退还现金筹码，并出钱请客。剩余现金筹码不能支持股债组合融资的，作为融资失败，转入第四环节产债组合。

◆ 操作用时30分钟。

扫码获取标准答案

第四环节　产债组合融资

推演导语： 组合融资的第二种方式是产债组合，即产权融资与债务融资组合。在股权融资不成功，股债组合失败情况下，产债组合可以作为预备方案，确保技改融资目标完成。

所谓产权融资，就是利用企业拥有的合法财产权，通过存量资产变现来盘活资产，或采取结构化融资方式筹措部分资金。不仅能够有效改善企业财务结构，提高偿债能力，而且相应降低了信贷额度，直接降低银行风险，体现了与银行共担风险的诚意，预期可以顺利获得银行贷款。

这里需要区分自筹资金与产权融资的不同。自筹资金一般是指在资产负债表上的内源融资，列入股东权益构成项目的，包括任意盈余公积金和未分配利润组成的留存收益，按规定比例在税后利润中提取的法定公积金，股份溢价发行形成的资本公积。不列入股东权益的固定资产折旧和无形资产摊销。这些资金项目如果没有按照专用基金管理和提存，实际上处于企业占用状态，并不形成资金增量，如果纳入融资额度，需要进行内部调整，改变资金用途。

产权融资的范围主要着眼于资产负债表左侧，目的是盘活存量资产，例如将票据、信用证、应收账款、存货、权益资产、无形资产等，采取贴现、转让、挂牌等方式进行变现。采取融资租赁、回租租赁方式从非银行金融市场获得融资。利用流动资产、固定资产和权益资产抵押、变现等方式，在辅助类金融市场融资。总之，产债组合根据融资用途、规模不同，产权融资可以是一种或数种资产拼盘，从而有多种产债组合方式。

产债组合融资的额度计算除了上述因素，还要注意产权融资一般不引起净资产的增加，不影响企业资信能力，因而应按静态计算方法，先确定银行贷款额度，再确定产权融资范围和额度。

学员操作指引

◆ 操作任务：制定产债组合融资方案。

◆ 确定产债组合融资总额，以及产权融资和债务融资额度。

◆ 根据是一场经营成果（如表3-3）和技改融资总额，计算融资结构，包括固定资产、流动资产和设备购置投资额度。确定产债组合融资方案。

◆ 利用表4-2产权融资资产项目，计算各项资产融资额度。

◆ 盘点融资成果，检验融资目标完成情况。

◆ 操作用时20分钟。

扫码获取标准答案

附录一

中华人民共和国工业和信息化部

工信部企业函〔2017〕381号

工业和信息化部关于开展小微企业
金融知识普及教育活动的通知

各省、自治区、直辖市及计划单列市、新疆生产建设兵团中小企业主管部门：

为贯彻落实国务院《推进普惠金融发展规划（2016—2020年）》，帮助小微企业掌握融资必需的金融基础知识，进一步缓解融资难融资贵，我部决定在全国开展小微企业金融知识普及教育活动。有关事项通知如下：

一、总体要求

按照党中央、国务院关于加大金融对实体经济和小微企业支持力度的部署要求，紧紧围绕缓解小微企业融资难融资贵的目标，组织开展小微企业金融知识普及教育活动，及时为其提供必要的金融基础知识，切实提高小微企业金融知识储备和融资能力，培育信用意识和风险意识，提高融资主动性和可获得性。

（一）基本原则

1.中央引导、地方为主、公益导向。以公益性、基本性、均等性、便利性为指导，充分发挥地方贴近企业优势和创造性，为小微企业提供融资必需金融基础知识的普及性教育，扩大教育覆盖面和渗透率，小微企业自愿、随需参加学习。

2.需求为本、形式多样、务求实效。针对小微企业融资需求的多元性与差异性，分类实施分阶段、分层次、开放式的教育培训，充分利用互联网等现代技术手段，以线上与线下相结合、理论学习与实践活动相结合等方式，提高针对性和有效性。

3.搭建平台、市场运作、整合资源。通过上下联动，鼓励各类金融机构和服务机构等多方参与，围绕小微企业融资链条，通过市场化运作整合各类优势资源，以教育培训为基础，加强资金供给方与小微企业联系对接，扩大小微企业资金供给。

（二）主要目标

1.落实国务院《推进普惠金融发展规划（2016-2020年）》提出的小微企业金融知识扫盲任务，对有融资需求、金融基础知识教育培训需求的小微企业开展普遍性教育培训，小微企业金融基础知识得到普及。

2.小微企业对金融产品和服务的认知能力和金融素养明显提高，基本了解融资的主要产品、方式、流程以及有关政策，融资能力和技巧明显提升。

3.小微企业财务管理进一步规范，水平进一步提高，信用意识、风险意识和契约精神明显提升。

二、组织实施

（一）对象

主要面向有融资需求、金融基础知识教育培训需求的小微企业创业者、经营者。

（二）内容

从小微企业融资需求出发，根据小微企业成长规律，按照种子期、初创期、成长期三个阶段，分别介绍在不同阶段需要掌握的金融基础知识，内容力求全面、实用、通俗、易懂。

1．针对种子期小微企业，立足打好融资基础，重点培训有关创业资本规划、创业资本筹措、建立信用记录等方面的内容。

2．针对初创期小微企业，立足丰富融资渠道，重点培训有关信贷市场、资本市场、民间融资等方面的内容。

3．针对成长期小微企业，立足提升方法技巧，重点培训债务融资杠杆运用、股权融资杠杆运用、融资工具组合运用等方面的内容。

（三）方式

各地要结合小微企业实际情况，主要通过线上知识传播与线下主题培训相结合、理论学习与案例情景教学相结合、综合培训与专题培训相结合、入门培训与提高培训相结合、学习与考评相结合等方式和手段，自主开展灵活多样的小微企业金融知识普及教育活动。要充分利用互联网、信息化实训平台等载体，探索"慕课MOOC"、手机APP、微信公众号等"互联网+"培训新模式，大规模开展开放式在线培训。

三、主要任务

（一）开发标准化与特色化相结合的教育培训教材和课程体系。我部负责统一组织，统一开发"一书一纲"，包括汇编覆盖小微企业种子期、初创期、成长期三个阶段的关键金融基础知识教材，统一设计教育课程大纲（见附件1），提供给各地参考使用。各地可在标准化"一书一纲"基础上，因地制宜，增加个性化、特色化培训内容，创新形式，扩大范围，丰富实践，逐步构建多层次、模块化的适合小微企业特点的教育培训课程体系。我部将适时选择部分地区组织小微企业金融知识普及教育示范班，规范并引导此项工作。

（二）摸底调查，加强宣传，组织企业普遍参与。各地要加强舆论宣传，利用各类媒体多渠道、多层面、广角度地宣传小微企业金融知识普及教育活动，开展小微企业金融基础知识教育培训需求摸底调查工作，了解培训意愿和需求难点痛点，向小微企业提供培训课程说明，加强培训供需对接，使有教育培训需求的小微企业应知尽知，从而能够自主选择、随需而学，并坚持企业自愿原则，按需供给。

（三）开放共享，广泛动员各方力量汇聚合力。各地要把开展小微企业金融知识普及教育活动作为落实我部与建设银行、邮政储蓄银行等银行业金融机构中小企业金融服务战略合作协议落实的重要内容，充分发挥合作金融机构的金融资源优势，拓展细化培训内容。同时，建立动员社会各方面力量的工作协调机制，调动高等院校、职业院校、协会商会和其他社会中介服务机构发挥各自优势，对接资源，广泛参与教育活动，打造普及性教育与个性化辅导相结合的教育培训机制。

（四）建立体系化推进机制，提高融资教育培训有效性和长效性。各地要将已经开展的融资培训活动纳入金融知识普及教育工作，将金融知识普及教育工作纳入地方小微企业综合培训体系和缓解小微企业融资难整体工作，统筹安排，充分发挥中小企业专项资金引导作用。在开展金融知识普及教育活动的基础上，结合实际，建立受训小微企业信息库，梳理融资服务需求，并开展针对性的政策咨询、融资诊断、财务规划、信用评价、项目展示、融资对接、市值管理等服务，延伸服务链条，建立金融知识普及教育发展长效机制。探索搭建规范、开放、便捷、高效的融资供需对接平台，广泛引入银行、天使投资、创业投资、融资租赁、担保等各类金融机构和融资服务机构，拓宽小微企业资金供给渠道，提高小微企业融资成功率。

（五）加强组织领导，建立工作机制。各地要将金融知识普及教育作为促进缓解小微企业融资难融资贵的一项基础性任务，加强组织领导，落实工作责任，增强责任感、使命感和服务意识，改善公共服务，更好发挥政府"授之以渔"作用，把金融知识普及教育活动办出效果、办成亮点。改进工作作风，加强教育培训流程监督和效果考核评估，及时总结工作经验，着力研究解决重点难点问题，不断提升金融知识教育水平。

请各地按照本通知要求，结合实际，制定本地区的小微企业金融知识普及教育活动实施方案，明确目标任务，细化措施，落实责任，提高活动组织执行力。请将活动实施方案（见附件2）于2017年10月31日前报我部（中小企业局），并于每年1月31日前将上年度活动实施情况报送我部（中小企业局）。我部将适时对各地活动开展情况进行总结，组织经验交流活动，推广好经验、好做法。各地在工作中遇到有关问题，请及时与我部联系。

附件：1.小微企业金融知识普及教育课程大纲

2.2017-2020年小微企业金融知识普及教育活动实

施方案

2017 年 9 月 6 日

附录二

金融管理体制和金融市场体系

金融是现代经济的血脉，企业生存发展时刻离不开金融服务和支持。小微企业要想成长壮大，必须对我国的金融管理体制，金融市场构成和市场供给产品有所了解，并随着企业成长不断丰富自己的金融知识，利用金融市场资源，服务企业发展。

一、我国金融体制的改革发展

我国的金融管理体制经过30多年改革发展，现已基本形成架构完整、分工明确的金融调控和监管体系，功能齐备、覆盖全域的金融市场体系，上升为国民经济的命脉产业，支撑了国民经济高速度发展。金融业改革发展大体经历了4个阶段：

1.改革准备和起步阶段

从三中全会改革开放起步到1997年亚洲金融危机爆发，是我国金融体制改革酝酿准备阶段。这一期间金融体制改革总体处于探索状态，跟进经济体制和企业改革，适应市场经济体制的确立，首先是打破计划经济特征的一元银行体制。1995年3月全国人大通过《人民银行法》，首次以国家立法形式确定了人民银行的中央银行地位。同时将商业银行职能从人民银行和财政部剥离出来，相继成立或恢复了工商银行、农业银行、建设银行、中国银行4大专业银行，设立了国家开发银行、农业发展银行、进出口银行3家政策性银行。从而使行政职能与市场功能分开的二元银行体制开始形成。1992年邓小平南行掀起改革大潮，企业股份制改革启航，上海、深圳两个证券交易所应运而生。

党的十四大正式确立了社会主义市场经济体制建设目标，国家关于金融市场方面的立法明显加快，先后制定颁布了《商业银行法》《证券法》《担保法》《票据法》《保险法》《信托法》，以及《货币政策委员会条例》《贷款通则》等重要法规。初步建立起与市场经济体制相适应的金融法制框架。

2.分业经营与消化风险阶段

从第一次金融工作会议到我国加入WTO，是集中化解计划经济时期积累的金融风险阶段。1997年亚洲金融危机爆发，促使中央痛下决心进行金融体制改革，1997年7月举行第一次中央金融工作会议，国务院发布《关于深化金融改革，整顿金融秩序，防范和化解金融风险的通知》，实行银行业、证券业、保险业分业经营，建立国有商业银行统一法人制度，成立华融、信达、长城、东方四大金融资产经营公司，实行贷款质量5级分类，剥离不良资产。帮助4大银行卸掉长期计划经济形成的历史包袱，奠定深化改革的基础。

3.金融市场跨越式发展阶段

从2004年国有银行股改起步到党的十八届三中全会，是我国金融市场深化改革和跨越式发展的时期，也是我国加入WTO，银行业五年保护期的过渡阶段。为了应对保护期届满后外资银行同台竞争，2004年国务院批准中国银行和建设银行进行股份制改革试点，中央财政增加注入资本金，引进战略投资人，率先实现IPO和上市。工商银行、农业银行和各家全国性股份制银行也相继完成股改上市，迎来了银行业规模和利润快速扩张的黄金十年，并带动证券、保险、非银行金融机构改革发展取得突破。在市场竞争和金融创新驱动下，金融机构互相渗透、融合成为趋势。

在此期间，中央正式提出多层次资本市场建设目标，证券市场先后推出中小板、创业板、私募债。新兴业态应运而生。VC/PE、天使投资、证券基金、资管理财、银行保理、商业保理等新型金融产品大量涌入，小贷公司、村镇银行等普惠金融方兴未艾。金融市场呈现多元发展、群雄逐鹿的局面。随着竞争加剧，有些机构为了追逐超额利润，不同程度地偏离了为实体经济服务的方向。

4.金融供给侧深化改革阶段

从党的十八届三中全会《决定》发布到目前，金融业供给侧结构性改革提上议程，确立了金融为实体经济服务的本质定位。三中全会决定明确指出："做好今后一个时期的金融工作，关键是要牢牢把握金融服务实体经济的本质要求，坚持市场配置金融资源的改革导向，坚持创新与监管相协调的发展理念。"2017年举行的第五次中央金融工作会议进一步明确了金融服务实体经济的方向，习近平总书记在讲话中强调指出："金融是实体经济的血脉，为实体经济服务是金融的天职，是金融的宗旨，也是防范金融风险的根本举措。"并且强调做好金融工作的首要原则是金融"回归本源，服从服务于经济社会发展，把为实体经济服务作为出发点和落脚点，全面提升服务效率和水平，把更多金融资源配置到经济社会发展的重点领域和薄弱环节，更好满足人民群众和实体经济多样化的金融需求"。从而科学阐明了金融与实体经济的关系，对于端正金融服务定位，防止脱离服务本源，以"核心"自居，盲目扩张，自我膨胀，自我循环等错误倾向具有正本清源的作用和里程碑意义。

按照优化金融供给侧结构的要求，针对我国金融市场长、短期资本结构不合理状况和提高直接融资比重，补齐资本市场短板的指导思想，多层次资本市场建设全面提速，创业板放宽首发标准，新三板、四板相继推出，科创板首开注册制改革试点。天使投资、VC/PE、股权众筹全面发展，构造起资本市场的基础层。

从第五次金融工作会议到十九大，守住不发生系统性金融风险底线成为金融工作和牵动经济全局的根本任务。为此，中央成立金融稳定委员会，统筹协调金融监管重大问题。金融法治建设同步推进，《商业银行法》《证券法》等金融法律完成修订，《证券投资基金法》发布实施，私募股权基金实行备案制，纳入监管范围。2015年针对互联网金融野蛮生长出现的市场乱象，开始大规模专项整治。基于大数据、云计算、人工智能、区块链、物联网的金融科技迅猛发展，极大提升了金融服务效率，同时显著强化了金融监管手段和精细化程度。数字货币研发领先全球，现已开始在部分城市试点。

2018年中美爆发贸易战，为了抵御贸易战对金融体系的冲击，我国顶着反全球化逆流，全面兑现入市承诺，尽快制定和颁布了《外商投资法》，连续3年更新市场准入负面清单，先后取消了外资对国内银行单一持股不超过20%，合计持股不超过25%的持股比例限制，取消证券公司、证券投资基金管理公司、期货公司、寿险公司外资持股比例限制。向世界展现了金融市场全面开放大格局。

二、金融监管体系

金融监管体系是金融监管当局及职能机构运用一系列法规制度和方法措施，对金融市场经营主体进行宏观监督和管理所形成的一整套管理系统。

1.我国的金融监管模式

国际上现存金融业监管体系分为混业监管模式、分业监管模式。监管模式一般与金融市场经营模式相对应，即混业经营实行混业监管，分业经营实行分业监管。

分业监管的优势是职责明晰，分工细致，有利于风险资产隔离，防范金融风险。但不利因素也很明显，一是各行业的监管机构之间存在协调的困难，使得被监管对象能够利用多重机构之间存在的真空地带逃避监管。二是机构重叠，监管的成本高，业务交叉地带容易产生推诿扯皮和监管真空。三是易于产生监管套利机会，对混业经营的金融控股集团无法实施有效监管。

金融体制改革初期，为了消化长期计划经济形成的历史包袱，平稳实现金融业向市场经济转型，根据《中国人民银行法》《商业银行法》《证券法》和《银行业监督管理法》规定，我国自1995年开始实行金融机构分业经营，相应建立了"一行三会"分业监管体制。"一行"即中国人民银行，"三会"是指中国银行保险监督管理委员会（简称银监会），证券监督管理委员会（简称证监会），保险业管理委员会（简称保监会）。为了防止分业监管容易形成的系统区隔和监管真空，根据国务院指示，银监会、证监会、保监会数次举行金融监管联席会议，通过三方监管合作备忘录，协调工作机制，监测跨行业风险，预防金融风险系统转移。

随着金融市场全方位开放，中外资金融机构竞争加剧，加上互联网金融冲击，金融脱媒（又称金融非中介化）加剧和利率市场化的压力，混业经营已经成为趋势。同时，为了克服分业监管存在的职责不清、交叉监管和监管空白，抑制监管套利，适应机构监管向功能性监管转型，构建符合现代金融特点的统筹协调监管体系，确保守住不发生系统性金融风险的底线，第五次中央金融工作会议决定成立中国银保监会，合并、优化银监会和保监会职能。标志着我国分业经营和监管体制的退出，"一行两会"混合监管体系初步建立。

2.金融监管主体

金融监管主体即承担金融市场监管职责的专业机构。按照国家对专业机构授权及其与入市金融企业的关系，分为政府监管机构和自律性监管机构两类。

（1）政府监管机构。我国的政府监管主体按照层级包括国务院金融稳定委员会、中国人民银行、中国银保监会、中国证监会和地方政府金融局办。

金稳委作为国务院统筹协调金融稳定和改革发展重大问题的咨询和协调机构，负责审议金融业改革发展重大规划，统筹协调金融改革发展、货币政策与金融监管，保持金融政策与财政政策、产业政策等宏观调控目标的协调统一。参与金稳委工作的部门包括"一行两会"、财政、税务、审计和其他相关政府机构。

人民银行依法行使中央银行职能（以下简称"中央银行"或"央行"），承担货币发行和调控，代理国库，负责银行间同业拆借市场、银行间债券市场、外汇市场和黄金市场监管，并具有对专业监管机构的再监管职能。

中国银行监会、证监会是国务院直属事业单位、依法依规分别承担各该行业监督管理，负责金融经营机构准入审批，业务范围发牌。

各省（自治区、直辖市）、市、县地方政府普遍设立了主管金融的职能局办。主要职责是协调、配合"一行两会"驻地监管机构对各银行、证券、期货、保险、信托等金融机构，以及行业自律组织的监管，负责地方信用体系建设和信用中介机构监管，承担辖内村镇银行、小贷公司和信用合作组织资格审查，融资性担保机构、民营贷款公司的设立审批、监督管理、市场退出等工作，保障本地区金融安全。

（2）自律性监管机构。金融业自律性监管机构也称辅助监管主体，按照组织方式又分为行业协会和交易所两种类型。行业协会包括银行业协会、保险业协会、证券业协会、证券投资基金业协会、期货业协会、银行间市场交易商协会等。鉴于金融业是经营资本的特殊行业，具有指标性、垄断性、高风险经营性，而在同一行业内的经营机构具有同构性和业务同质性，因此不仅要求经营主体依法合规，还要遵守同业自律规则。通常要求持牌机构必须加入同业协会，接受同业自律约束。所以自律监管对于补充行政监管不足，可以发挥重要的辅助监管作用。一方面是利用会员单位互相监督，及时发现违纪违规问题，根据同业自律公约，谴责制裁违规行为，共同维护行业信誉和会员利益；另一方面可以对行政监管发挥社会监督作用，制约和防范法定监管主体滥用职权的行为，促进监管当局改进和完善监管工作。

第二类自律监管机构是金融交易所。包括证券交易所、期货交易所、新三板、区域股权交易中心（四板）等。这些机构大多根据政府特许授权设立，具有交易所章程，制定严密的市场准入资质条件和交易规则。入市单位、出市代表必须通过资格审查，严格按照交易规则进行交易、结算和交割。交易所依据章程和市场规则，有权对会员单位发起调查、询问，对违规行为提出警告、谴责直至除名。由此对会员单位形成硬约束，被认为是行政监管的延伸。

3.金融监管方法

（1）市场准入监管。准入监管实质就是前置审批，准入条件一般包括资本金、高级管理人员任职资格和业务范围。如在银行监管方面：设立商业银行注册资本最低10亿元，城市商业银行1亿元。金融机构分立或合并、变更名称、变更注册资本、变更总行或分支行所在地、调整业务范围、变更持有资本总额或股份总额10%以上的股东、修改章程等事项都应报中央银行审查批准。

（2）业务运营监管。业务运营监管是金融监管重点，包括金融机构的经营行为可能导致的风险性监管，即预防性监管或事前监管。其次是经营指标监管，包括资本充足率、资产质量、流动性、盈利能力和内部控制，监管方式有非现场监控和现场稽核。

（3）市场退出监管。国家发展改革委等部委2019年印发《加快完善市场主体退出制度改革方案》，明确对发生信用危机的金融机构退出方式包括接管、重组、撤销、破产处置程序和机制。为了保护债权人和投资人的权益，接管和撤销是金融机构特殊的市场退出方式。

金融机构接管法理上属于重整。接管主体是监管当局，即银保监会或证监会，接管后委托一家有实力的同业机构进行托管。被托管机构股董监"三会"停止履职，由接管组行使经营管理权。被接管后该机构继续经营，债权债务关系不变。接管组依法保护债权人、信托人和被保险人等利益相关方的合法权益。经过托管重整，根据信用修复情况决定重组或撤销。

金融机构撤销是对救助无效，资不抵债的金融机构，由监管当局做出决定，取消该金融机构法人资格，强制退出市场。依法定程序进行清算，并予以解散。

三、宏观调控与金融政策

金融政策是指中央银行为实现宏观调控目标，采取调节货币供应量、利率和汇率水平，从而引导、干预经济运行的方针政策总称。一般而言，一个国家的宏观金融政策主要包括3大政策，即货币政策、利率政策和汇率政策。

1.货币政策

货币政策是指中央银行为实现既定的保持币值稳定，促进经济增长，实现充分就业和国际收支平衡调控目标，运用金融政策工具调节货币供应量和信用量，进而影响宏观经济的方针和措施的总和。货币政策一般不能直接作用于最终目标，而是通过金融市场流动性、供需关系等中间变量，并经由信贷、利率、汇率、债券、资产价格等影响经济活动，促使最终目标的实现，即所谓货币政策传导机制（如图Ⅰ所示）。简言之就是中央银行根据货币政策目标，运用货币政策工具，通过金融机构的经营活动和金融市场传导至企业和居民，对其生产、消费和投资等活动产生影响的过程。

按照货币政策传导机制，货币供应量是这一传导机制的关键变量。中央银行就是以货币供应量作为总阀门，利用货币政策工具调节货币供应总量，来调控金融市场运行的。常用货币政策工具包括存款准备金率、公开市场操作、再贴现率、存贷款利率、汇率和信贷政策等。

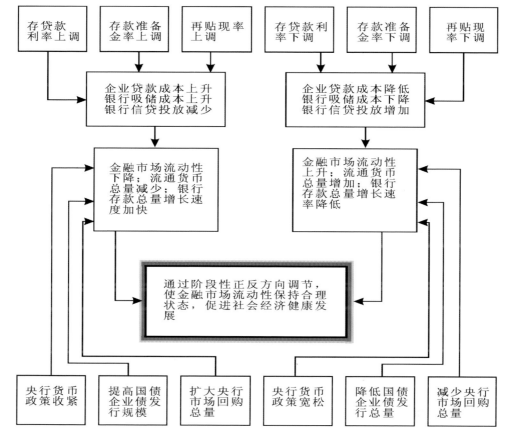

图 I 货币政策传导机制

2.利率政策

利率是资金的价格，利率升降反映市场上资金供求关系的变化。利率升高，说明市场资金需求大于资金供应，资金紧缺；利率降低，说明市场资金供应大于资金需求，资充裕余。

利率政策是货币政策实施的主要手段之一。根据货币政策，中央银行运用利率工具，适时调整利率水平和利率结构，进而影响社会资金供求，达致货币政策目标。利率市场化改革以后，中央银行常用的利率工具主要是基准利率，包括再贷款利率、再贴现利率和存款准备金利率。

再贷款利率是中央银行向金融机构发放再贷款所采用的利率。

再贴现利率，是指金融机构将所持有的已贴现票据向中央银行办理再贴现所采用的利率。

存款准备金利率，是指中央银行对金融机构交存的法定存款准备金支付的利率。

需要注意的是，人们常说的利率市场化改革，主要是指信贷市场存贷款利率。改革目标是以中央银行基准利率为基础，以货币市场利率为中介，由市场供求关系决定存贷款利率的利率形成机制和市场化利率体系。说白了就是将利率的定价权交给金融机构，由金融机构根据各自资金状况和对市场走向的判断来自主调节利率水平。利率市场化改革自1996年开始启动，率先放开银行间同业拆借利率，债券市场利率，境内外外币存款利率。2013年全面放开贷款利率管制，2015年取消存款利率浮动上限。2019年央行推出贷款利率市场报价机制（LPR），标志着我国利率市场化改革基本完成。

3.汇率政策

汇率政策是指一国政府利用本国货币汇率的升降控制进出口及资本流动，以达到国际收支均衡的目的。汇率政策工具主要有汇率制度的选择、汇率水平的确定以及汇率水平的变动和调整。其中最主要的是汇率制度选择，汇率制度一般分为固定汇率制度和浮动汇率制度两大类。固定汇率制度是将本国货币与他国货币或一篮子货币挂钩，采用固定兑换比例进行交换。浮动汇率制度是根据本国货币在外汇市场上的供求关系，按自由波动汇率进行兑换。我国实行以市场供求为基础、参考一篮子货币进行调节、有管理的浮动汇率制度。

国际贸易是驱动经济发展的三驾马车之一，汇率变动不仅直接影响进出口贸易和国际收支平衡，而且影响整个国民经济的发展。一般情况下，本国货币贬值、汇率下跌，对进出口贸易有双重影响：一方面因本国汇率下跌，外国进口商用等量资金采购的商品增加，使该商品在外国市场价格降低，本国商品更有竞争力，从而增加出口换汇和本国外汇顺差。另一方面，本国进口商用等量货币采购的物资减少，造成国内进口商品价格上升，依赖进口原材料的企业成本加大。同时增加本国外汇消耗。

由此可见，汇率政策不仅影响本国经济发展，而且直接牵连贸易对象国的利益，对外国经济发展、产业结构乃至货币稳定产生影响。所以汇率政策目标设定和实现需要开展国际协调，遵守国际贸易规则，促进平等互利，合作双赢。防止因处理不当招致外国政府干预，或发生国家利益之争。

四、公开市场操作与货币政策工具

公开市场操作是中央银行利用货币政策工具投放和回笼基础货币，从而调节货币供应量和市场流动性的重要手段，同时具有对金融机构进行窗口指导，向市场释放货币政策信号的作用。

中央银行公开市场操作传统业务主要有债券回购交易、发行中央银行票据和外汇市场操作。近年来根据产业结构调整和扶持小微企业发展的政策目标，为了灵活运用货币传导机制，央行先后推出一些新型货币政策工具，例如SLO、SLF、MLF和PSL，这些工具相对于传统操作影响范围较小，持续时间较短，但具有政策目标明确，使用方便灵活的特点，有利于提高政策支持精准度。

1.债券回购交易

债券回购交易是中央银行在1998年建立的公开市场一级交易商制度，入市交易商是能够承担大额国债、政策性金融债券的商业银行或非银行投资机构。交易品种包括回购交易、现券交易和发行中央银行票据。

回购交易分为正回购和逆回购，都是央行在公开市场上吞吐货币的行为。正回购为中央银行向一级交易商卖出有价证券，并约定在未来特定日期买回有价证券的交易方式。正回购是央行从市场收回货币收紧流动性，正回购到期则为央行向市场投放货币放宽流动性。逆回购为中央银行向一级交易商购买有价证券，并约定在未来特定日期将有价证券卖给一级交易商的交易方式，对流动性的影响方向与正回购相反。

现券交易分为现券买断和现券卖断两种，前者为央行直接从二级市场买入债券，一次性地投放基础货币；后者为央行直接卖出持有债券，一次性地回笼基础货币。

2.中央银行票据

中央银行票据即央行发行的短期债券，中央银行通过发行央行票据可以回笼基础货币，央行票据到期兑付则为投放基础货币。

央行票据相当于中央银行发行的"政府债券"（公债），对商业银行发行央行票据，可以回笼基础货币，可以在一定期限内减少流动性。商业银行支付认购央行票据的资金，意味着可用信贷资金量的减少，具有调节商业银行超额准备金的作用。此外，中央银行利用所设票据的期限，可以反映短期基准利率。既弥补了公开市场操作的现券不足，还可以帮助机构投资者灵活调剂手中的头寸，减轻短期资金压力。

3.常备借贷便利（SLF）

常备借贷便利（Standing Lending Facility，SLF），是全球大多数中央银行常用的货币政策工具，但名称各异。主要作用是提高货币调控效果，有效防范银行体系流动性风险，增强对货币市场利率的调控效力。

常备借贷便利的政策目标主要是满足金融机构期限较长的大额流动性需求。对象主要为政策性银行和全国性商业银行。期限一般为3个月，利率水平根据货币政策调控、引导市场利率的需要等综合确定。常备借贷便利以抵押方式发放，合格抵押品包括高信用评级的债券类资产及优质信贷资产等。中央银行于2013年初创设常备借贷便利，6月份开始实施操作，2014年首次通过PSL为开发性金融支持棚户区改造提供资金。2015年，为完善对中小金融机构提供流动性支持的渠道，应对春节前的流动性季节性波动，促进货币市场平稳运行，中央银行决定在全国推广分支机构常备借贷便利SLF。

常备借贷便利的主要特点，一是由金融机构主动发起，金融机构可根据自身流动性需求申请常备借贷便利；二是中央银行与金融机构"一对一"交易，针对性强；三是覆盖面广，通常覆盖所有存款类金融机构；四是利率水平根据货币政策调控、引导市场利率的需要等综合确定。

4.短期流动性调节工具（SLO）

短期流动性调节工具（Short-term Liquidity Operations，SLO），顾名思义，SLO期限最短，期限一般为7天及以内。政策目标是根据货币调控需要，在银行体系流动性出现临时性波动时相机使用。综合考虑银行体系流动性供求状况、货币市场利率水平等多种因素，决定操作时机、操作规模及期限品种，采用市场化利率招标方式开展操作。

中央银行自2013年1月起用SLO，以7天期以内短期回购为主。一般每周二、周四都会在公开市场进行回购操作，包括正回购和逆回购。正回购为中央银行从市场收回流动性，简言之，就是把钱从商业银行抽走。而逆回购是中央银行向一级交易商购买有价证券，为中央银行向市场上投放流动性，简言之，就是中央银行主动借钱给银行。

5.中期借贷便利（MLF）

中期借贷便利（Medium-term Lending Facility，MLF），操作方法类似SLF，对象为审慎管理要求的商业银行、政策性银行，采取质押方式发放。期限1~3个月，到期前可以申请展期。MLF政策目标是利用中期利率，通过调节向金融机构中期融资成本，对金融机构的资产负债表和市场预期产生影响，促进降低社会融资成本。以促使商业贷款对三农和小微贷款增加。

6.定向中期借贷便利（TMLF）

定向中期借贷便利（Targeted Medium-term Lending Facility，TMLF）是中央银行为改善小微企业和民营企业融资环境、加强金融对实体经济尤其是小微企业和民营企业等重点领域的支持力度，定向提供中期基础货币的货币政策工具。TMLF与MLF的不同点，一是定向更精准，对象是在上年对小微企业和民营企业贷款余额增加基础上，当年又安排了相当贷款增量，并提出申请的大中型银行和城商行；二是期限为1年，允许续作2次，实际使用期限可达3年；三是利率较MLF更优惠。从而切实加大对小微、民营企业的融资支持力度。

7.抵押补充贷款（PSL）

抵押补充贷款（Pledged Supplementary Lending，PSL）与中央银行再贷款类似，属于新型储备政策工具，一方面作为基础货币投放渠道，另一方面通过商业银行抵押资产从央行获得融资，引导中期基准利率。截至目前，中央银行仅对国家开发银行、农业发展银行和进出口银行进行PSL操作。通过PSL为政策性银行提供低成本资金，引导投入到盈利能力弱或有政府担保，但商业定价不能满足的基础设施和民生支出等领域，起到降低这部分社会融资成本的作用。

五、货币政策对企业融资的影响

货币政策目标必须通过信贷政策传导，在金融市场交易和金融产品消费过程中得以实现。信贷政策是中央银行根据国家宏观调控和产业政策，对金融机构信贷总量和投向实施引导、调控和监督，促使信贷投向不断优化，实现信贷资金优化配置，促进经济结构调整的重要手段。调控目标包括信贷规模、信贷投向、信贷限制和风险示警4方面调控措施，调控方向和力度对企业融资都有直接影响。

一是信贷总量增加或压缩，直接影响融资难易。当发生经济衰退或金融危机时，当局为了提振经济，采取积极的财政政策和信贷政策。例如2009年美国金融海啸波及我国，为了抵御金融危机，中央推出4万亿经济刺激方案，加大基础设施、市政和路桥建设等方面的投资。同时降低存款准备金率和存贷款利率，加上货币乘数效应，信贷资金倍速扩张，银行贷款供应充裕，审批标准宽松，推动企业扩大生产和投资，企业较易获得融资。又如2020年爆发新冠肺炎，经济一度陷入停顿。疫情之后为了鼓励复工复产，按照"六稳六保"方针，"新基建"成为稳增长的重要抓手，2020年基建投资增速达15%以上，对应基建规模20万亿。同时推出一系列扩张性信贷政策，同年上半年中央银行3次降低存款准备金率，安排再贷款和再贴现增加1.8万亿元，小微企业到期贷款展期和续贷6.12万亿元，贷款获得率达到三分之二空前水平。

与信贷扩张相反，当经济发展过热时，当局为了防止过度扩张引发债务和金融危机，使经济发展回落到适度增长区间，实现软着陆，采取紧缩银根的信贷政策，包括提高存款准备金率和基准利率，利用公开市场操作回笼货币，缩减银行信贷资金。迫使商业银行压缩企业授信，收紧贷款标准，收回到期贷款。从而使社会资金全面吃紧，利率走高，企业申请银行贷款难度加大。

二是信贷投向调整，影响不同产业类型的企业融资。相对于其他货币政策工具，信贷政策主要着眼于解决结构问题。按照国家产业政策导向，当局通过总量调控，或信贷结构调整、贷款贴息等多种手段，引导信贷资金向鼓励发展的产业领域或地区倾斜。推动产业结构，产品结构、区域经济结构调整，防止重复建设，促进国民经济的持续协调发展。

实际上，信贷政策转向与结构调整，大多是伴随银根紧缩施行的。在信贷规模紧缩条件下，商业银行按照政策导向，采取有保有压、区别对待对策。依据国家产业政策目录，属于鼓励类的企业比较容易获得银行授信和低成本贷款支持，而非鼓励类产业、限制类企业则很难获得银行贷款。

三是限制性的信贷政策，影响企业融资成本。在服从服务国家产业政策的前提下，金融供给侧和银行体系自身资产结构的不合理问题，也需要通过信贷政策加以调整优化。例如间接融资比例过高，信贷流向脱实向虚，中长期资产比重大等。为了防范金融风险，当局通过监管考核、信贷政策和"窗口指导"三管齐下方法，引导商业银行采取调节授信额度、调整信贷风险评级、风险溢价和浮动利率等措施，限制信贷资金流向某些部门、地区和企业。属于压缩授信的企业，融资难度和成本可能同步上升。

六、我国的金融市场体系

金融市场是资金供应者和需求者双方通过信用工具进行交易，实现货币借贷和资金融通、办理各种票据和有价证券交易活动的场所。

1.金融市场主体

金融市场主体是指参与金融市场交易的各类单位和人士。金融市场的主体有政府部门、工商企业、居民、存款金融机构、非存款金融机构和中央银行。参与金融市场的角色、目的各有不同：

一是政府部门。中央政府和地方政府都是资金的需求者，主要通过发行政府债券筹措资金，进行建设投资，解决政府流动性需要，弥补财政赤字，实现预算平衡。

二是金融机构。金融机构是金融市场上最活跃的主体，经营货币和资本的特殊企业。金融机构分为存款性金融机构和非存款性金融机构，前者主要指商业银行、储蓄银行和信用合作组织，通过吸收公众存款、发放贷款获取收益。后者主要指投资银行、证券投资基金、保险公司等，资金来源主要是通过发行证券或私募筹集社会资金，转化为资本投资获益。

三是实体企业。企业既是资金的需求者，又是银行存款的提供者。在需求侧，企业是金融产品的主要消费者，通过发行股票或中长期债券等方式筹措中长期资金，通过信贷市场融通周转资金，利用财务杠杆经营牟利。在供给侧，实体企业是金融市场经营资金重要供应者，包括结算资金自动转存，闲置资金委托理财保值，或用于直接投资，使资金发挥更大效益。

四是居民个人。城乡居民是金融市场资金主要供应者，我国民众储蓄率一向高居各国榜首，银行50%的存款以上来自居民储蓄存款。随着金融市场发展，投资品不断丰富，国民理财意识逐步提高，通过购买理财产品，或投资债券基金、债券、股票获得财产收入。与此同时，消费信贷现已超过企业贷款，成为拉动国内需求的新引擎。

五是中央银行。中央银行是金融市场的特殊主体，既是金融市场的监管者，又是金融市场的参与主体。中央银行作为银行的银行，是金融市场资金的提供者，担当最后贷款人的角色。作为金融市场的监管者，代表政府对金融机构的行为进行监督和管理，防范金融风险，确保金融市场的平稳运行。

作为货币政策执行者，负责基础货币投放，进行公开市场操作，调节货币供应量。中央银行的再贷款、再贴现和公开市场操作，均按基准利率收取一定的利息，但目的不是为了盈利，主要是发挥市场信号作用，影响金融市场上其他经济主体的行为。

2.统一金融市场体系

金融市场体系是按金融工具分类划分的子市场组成，我国的统一金融市场体系如图Ⅱ所示。

（1）货币市场。货币市场是从事短期（1年以内）资金借贷和交易的市场，包括同业拆借市场、回购协议市场、票据贴现市场、大额可转让定期存单市场、短期证券市场。

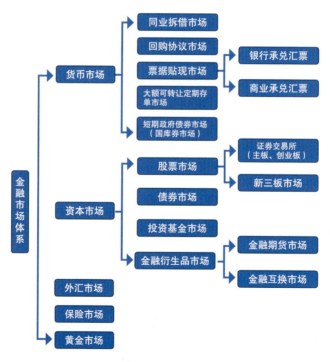

图Ⅱ 我国的金融市场体系

①同业拆借市场。是各类经营性金融机构进行短期资金拆借的市场。同业拆借市场交易活动具有交易量大、交易频繁、交易迅速完成、交易无担保以及交易双方免缴存款准备金和存款保险费的特点。同业拆借市场是货币市场的最重要的组成部分。

银行同业拆借市场是利用银行间地区差、时间差调剂资金头寸，由资金多余的银行对临时资金不足的银行短期放款，主要用于银行暂时存款票据清算的差额及其他临时性的资金短缺需要。通过拆借市场，可以将银行超额准备金保持在最小幅度内，并相应增加了对社会的资金供应量，从而有利于加速资金周转，使资金得到充分、有效的运用，提高整个社会资金的使用效益。

②回购协议市场。回购协议市场是通过回购协议来进行短期货币资金借贷所形成的市场。市场的参与者不限于金融机构，政府、企业也可以加入其中。回购协议市场的作用一方面是增加了短期资金借贷的渠道，另一方面丰富了中央银行公开市场操作的手段。

③票据贴现市场。票据贴现市场是指专门办理票据承兑与贴现的市场。企业间购销活动约定采取票据结算，出票企业（货物买方）自行承兑的称为商业承兑汇票，委托开户银行承兑的叫作银行承兑汇票。持票企业（货物卖方）资金短缺时，可以在票据市场上转让贴现。

票据贴现市场存在贴现、转贴现、再贴现利差，吸引了众多投资者参与。从而既可以解决企业短期资金需求，又增加了资本的流动性，提高社会资金使用的效率。

④大额可转让定期存单市场。大额可转让定期存单是由商业银行发行的，可以在市场上转让的存款凭证。发行对象既可以是个人，也可以是企事业单位。存单采用相同的式样，分为记名和不记名两种。是一种有固定面

额、固定期限、可以转让的金融工具。

中央银行2015年6月推出大额存单产品，商业银行、政策性银行、农村合作金融机构等可面向非金融机构投资人发行记账式大额存款凭证，并以市场化的方式确定利率。根据《存款保险条例》，大额存单作为一般性存款，纳入存款保险的保障范围。个人投资者认购的大额存单起点金额不低于30万元，机构投资者不低于1000万元。存单利率分固定和浮动利率两种，固定利率存单采用票面年化收益率的形式计息，浮动利率存单以上海银行间同业拆借利率为浮动利率基准计息。大额存单发行采用电子化的方式。既可以在发行人的营业网点、电子银行发行，也可以在全国银行间同业拆借中心以及经中央银行认可的其他渠道发行。

大额存单投资人包括个人、非金融企业、机关团体等非金融机构投资人，以及保险公司和社保基金。大额存单可通过第三方平台转让，通过发行人营业网点、电子银行等自有渠道发行的大额存单可办理提前支取和赎回。此外还可以用于办理质押。目前大额存单先在自律机制核心成员范围内试点。再根据情况有序扩大发行人范围。

⑤短期政府债券市场。短期政府债券市场是发行和流通短期政府债券所形成的市场。在美国等国债市场发达的国家，政府债券市场甚至是货币市场的核心。由于短期政府债券是回购协议交易的主要标的物，因此与回购协议市场有重要的关系，市场利率是其他金融工具收益率的重要参考基准。短期政府债券具有违约风险小，流通性强，面额较小，利息免税的特点，适合中小投资者参与。

（2）资本市场。资本市场是从事中长期资金募集和交易的市场，包括证券市场、债券市场、基金市场、中长期信贷市场。而证券市场又包括债券市场和股票市场。

①股票市场。股票市场是供投资者集中进行证券交易，也是企业筹措长期资金的场所。大部分国家有一个或多个证券交易所。1990年我国首个证券市场——上海证券交易所诞生，翌年深圳证券交易所成立。证券市场交易品种主要是股票，因此也叫股票市场。

股票市场按入市企业分层，分为主板市场，即沪深两市（含科创板、中小板）；创业板即二板，附加在深交所；三板市场，俗称新三板，即全国中小企业股份转让系统；四板，即区域股权交易市场，对标国外OTC市场。按投资者参与范围的不同，股票市场分为面向境内投资者的A股市场、面向境外投资者的B股市场、机构主体参与的香港主板市场H股、面向美国证券市场N股以及新加坡S股市场。

②债券市场。债券市场是发行和买卖债券的场所，金融市场的重要组成部分。成熟的债券市场是政府、企业和金融机构筹措中长期资金的重要渠道，并为投资者提供低风险的投资工具。债券的收益率是社会经济中一切金融商品收益水平的基准，传导中央银行货币政策的重要载体。

债券市场按发行主体和债券品种分为政府发行债券包括中央政府国债、地方政府债；金融机构发行债券称为金融债；企业发行债券包括企业债、公司债、私募债、双创债等。

③投资基金市场。投资基金是一种利益共享、风险共担的集合投资制度，即通过向社会公开发行一种凭证来筹集资金，并将资金用于证券投资或直接股权投资。投资基金属于直接融资工具，能够集合众多的分散、小额资金进行规模化经营，实行专家管理、专业理财，可以有效分散风险，提高资金利用效率。

投资基金按投资方向不同，分为证券投资基金、股权投资基金、货币市场基金及配置型基金；按组织形式分为契约型基金、有限合伙型基金和公司型基金；按资金募集方式不同，分为公募型基金和私募型基金。

（3）外汇市场。外汇市场是经营外币和以外币计价的票据等有价证券买卖的市场。外汇市场的主要功能一是实现购买力的国际转移，二是提供资金融通，三是提供外汇保值和投机的市场机制。小微企业涉足海外市场的，需要掌握国际贸易结算工具运用，关注汇率波动，利用保值工具规避汇率风险。

外汇市场的参与者，主要包括外汇银行、外汇银行的客户、中央银行、外汇交易商和外汇经纪商。交易方式和交易工具种类繁多，包括外汇的即期交易（现汇交易）、远期交易、掉期交易、期货交易和期权交易等。

（4）保险市场。保险市场是保险产品交易的场所，主流产品分为人身保险和财产保险两大门类。近年来围绕解决中小企业融资难问题，保险机构陆续推出履约保证保险、信用保险、贷款保险等数款保险产品。

（5）黄金市场。黄金市场是金融市场体系的重要组成部分，除消费性黄金买卖外，国际黄金市场具有辅助储备货币功能。

出版后记

  小微企业融资难问题自1998年亚洲危机开始显现，迄今20多年，一直是影响我国经济运行的老大难问题。为了解决这个问题，国家采取各种手段加以治理，然而始终没有得到有效缓解。说明有关政策措施仍需优化。

  他山之石，可以攻玉。人们常说中小企业融资难是个世界性难题，可是这个问题在老牌市场经济国家并不突出。那么西方国家是怎么破解这个"难题"的呢？除了体系化服务，最大的法宝就是加强金融消费者教育。因为金融机构占据人才、资金和信息科技等各种优势，不断研究和推出金融创新产品，这些产品都要经过"消费"才能产生利润。那么，企业作为金融产品的主要消费者，必须了解金融市场知识和金融产品交易规则才能实现平等互利。所以西方各国非常重视金融消费者教育，制定完备立法加以保障。立法宗旨就是保护市场弱者、促进公平交易，并推动政府、社团、金融机构三方参与，长期开展此项教育。

  金融消费者教育对标我国的金融知识普及教育（简称"金普教育"）。鉴于我国经济发展与金融体制的改革不够同步，开展这项教育具有特殊重要的意义：一方面国内企业家市场历练不足，财经金融知识十分薄弱；另一方面我国金融市场呈现跨越式发展，各种新兴金融工具和创新产品，例如VC/PE、天使投资、私募债、国内国际保理，等等，都是在我国加入WTO后的10多年时间内涌进来的，远远超越了企业家群体的认知和适应能力，小微企业在融资活动中完全处于盲目被动地位，银企关系存在事实上的不平等。所谓融资难、融资贵，金融暴利等问题均与此有关。

国外经验和国内现状共同说明，金普教育是保障银企关系平等互利的前提，也是解决小微企业融资难的一项治本之策。但是，开展这项教育需要订标准、编教材、办培训，是一项艰苦细致而权微利薄的工作。时任国务院领导（温家宝、张德江、李克强、王岐山）就此所做批示点到5个部门，但应者寥寥。金融部门在个人金融消费教育方面进展较大，面向企业的金融普及教育迄未开始。

笔者长期在工业部门工作，1998年亚洲金融危机后，根据中央第一次金融工作会议决议，奉调进入金融机构任职。特殊的工作经历，使我得以超然实体经济与金融机构的第三者视角，观察和分析金融供需关系和结构性矛盾问题。并把金普教育当作天赋使命，自2009年全球金融危机开始全身心投入企业金融问题研究、教育和培训工作。十年面壁，上下求索，发现导致融资难问题的深层次原因：一方面是由于企业金融知识匮乏造成供需双方事实上的不平等；另一方面是金融供需关系存在三大结构错位矛盾，资本市场没有发挥为小微企业配置资金功能，银行贷款无法满足企业中长期资金需求，民营企业流动负债率高居80%以上，资金链极度脆弱，夭折快、寿命短等。这些问题不解决，融资难问题就永远无解。

2015年国务院发布推进普惠金融发展5年规划，首次提出面向小微企业等6类弱势群体开展金融知识普及教育。举着这面大旗，我们四处奔走一年多，终于说服全国小微企业主管部门同意开展这项教育，并在2017年"两会"面向中外记者正式做了承诺，又以部发文件颁布《关于开展小微企业普及教育活动的通知》。

我受托承担金普教育统一教材——《小微企业金融知识普及教育读本》的编写，并提供了在线教育与多媒体教学相结合的活动方案。可是，只因拒绝了教材著作权被侵吞，已经审定活动方案和网络学习平台开发预算随之告吹。为了抢救这项救企业、利民生的活动，我们被迫寻求民间投资，然而产品开发接近尾声，当投资人发现前路云遮雾障，中途停止投资。紧接着新冠疫情来袭，项目推广戛然而止。

然而痛定思痛，依然难改为实体经济立言、为小微企业请命的初心。苦思突围之路，蓦然发现，美国财商教育之父——罗伯特·青崎，凭借一套现金流游戏沙盘（又名老鼠赛跑），使他的作品风靡全球109个国家，发行规模达3500万套。说明这是一条既不依仗权力，又不依靠资本，而是用知识点燃需求，达到普及推广、造福企业的有效途径。

于是，我立即动手升级企业融资规划沙盘课程。这套课程自2013年立项研究，历经8年总结提炼，到2020年完成开发，经过十余场实训验证，现场反应热烈，效果好于预期。这次升级着眼企业成长过程，将原有3个场景扩展为4个，涵盖了企业融资的主要渠道和方法策略。同时，针对验证过程发现的问题，经过反复推敲，精雕细琢，消除了十多个堵点，加入了多种游戏元素，将沙盘推演一步提升至沙盘游戏层次。让企业在游戏中就能学会融资。

结合沙盘升级，配套编写的这本沙盘游戏指导书，可作为培训机构和独立讲师施训教案，也可以用于企业自学和自助游戏。真挚希望对嗷嗷待哺的小微企业有所帮助！